Impressum
Verlag: BABADADA GmbH, Nedderfeld 112 , 22529 Hamburg
Geschäftsführer / Verlagsleitung: Harald Hof
Druck: Books on Demand GmbH, In de Tarpen 42, 22848 Norderstedt

Imprint
Publisher: BABADADA GmbH, Nedderfeld 112 , 22529 Hamburg, Germany
Managing Director / Publishing direction: Harald Hof
Print: Books on Demand GmbH, In de Tarpen 42, 22848 Norderstedt

l'école

ښوونځی

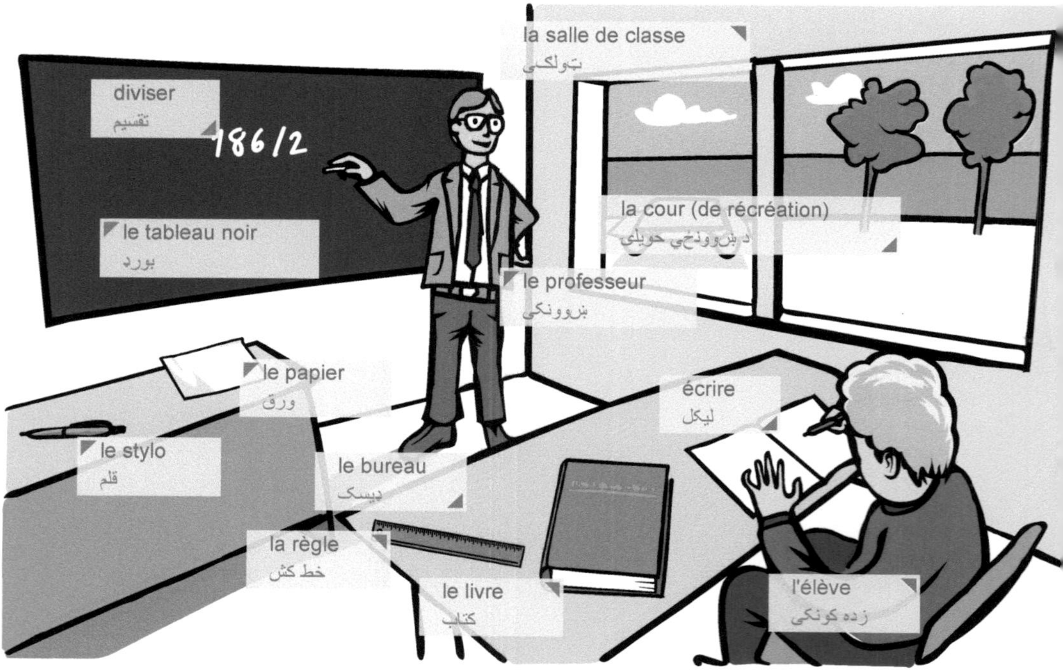

la salle de classe
ټولګی
diviser
تقسیم
186/2
le tableau noir
بورډ
la cour (de récréation)
د ښوونځي حویلی
le professeur
ښوونکی
le papier
ورق
écrire
لیکل
le stylo
قلم
le bureau
ډیسک
la règle
خط کش
le livre
کتاب
l'élève
زده کونکی

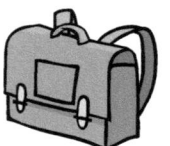

le cartable

کڅوړه

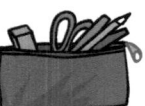

la trousse

د پنسل بکسه

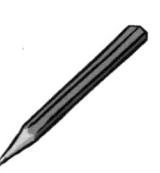

le crayon

پنسل

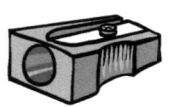

le taille-crayon

پنسل تراش

la gomme

ربړ

le carnet à dessin

د رسامی پاڼه

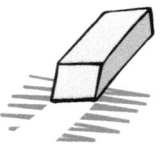

le dessin

رسامي

le pinceau

د نقاشی برس

la boîte de peinture

د نقاشی بکس

les ciseaux

قیچی

la colle

سریش

le cahier d'exercices

د تمرین کتاب

les devoirs

کورنی دنده

le chiffre

شمیر

additionner

جمع

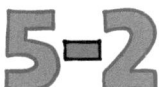

soustraire

منفی

multiplier

ضرب

calculer

حساب

la lettre

توری

l'alphabet

الفبا

le mot

کلمه

le texte

متن

lire

لوستل

la craie

تباشیر

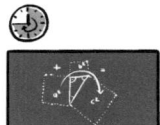

la leçon

درس

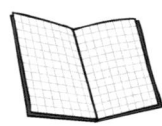

le livre de classe

راجستر

l'examen

ازموینه

le certificat

تصدیق پاڼه

l'uniforme scolaire

د ښوونځي یونیفارم

la formation

تعلیم

le lexique

دایره المعارف

l'université

پوهنتون

le microscope

مایکروسکوپ

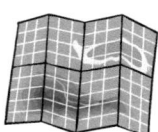

la carte

نقشه

la corbeille à papier

اشغالدانی

le voyage

سفر

l'hôtel
هوټل
Grand
l'auberge
لیلیه
ROOMS
le bureau de change
د اسعرو د تبادلي دفتر
CHANGE
la valise
بکس
la voiture
موټر

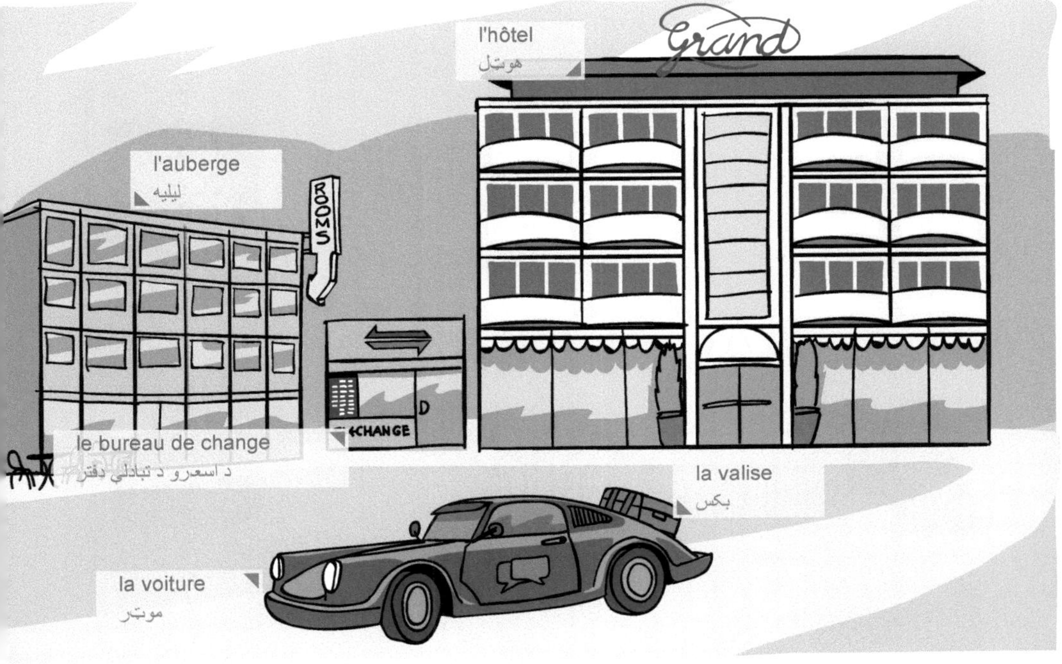

la langue

ژبه

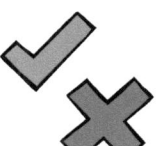

oui / non

هو/نه

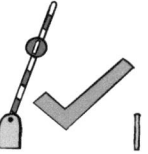

d'accord

سمه ده

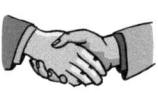

Salut

سلام

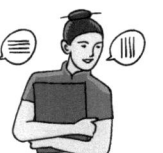

l'interprète

ژباړونکی

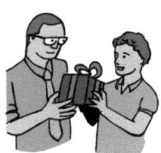

merci

مننه

Combien coûte...?

څومره دي...؟

Je ne comprends pas

زه نه پوهېږم

le problème

ستونزه

Bonsoir !

ماښام مو پخیر!

Bonjour !

سهار په خیر!

Bonne nuit !

شپه په خیر!

Au revoir

په مخه مو ښه

la direction

لارښود

les bagages

سامان

le sac

بیک

le sac-à-dos

شاتنی بکس

l'hôte

مېلمه

la pièce

خونه

le sac de couchage

د خوب کڅوړه

la tente

خیمه

l'office de tourisme

د توريزم معلومات

la plage

ساحل

la carte de crédit

کریدیټ کارت

le petit-déjeuner

ناری

le déjeuner

د غرمی خواړه

le dîner

د شپی خواړه

le billet

ټیکټ

l'ascenseur

لفټ

le timbre

مهر

la frontière

پوله

la douane

کمرک

l'ambassade

سفارت

le visa

ویزه

le passeport

پاسپورت

le transport

ټرانسپورټ

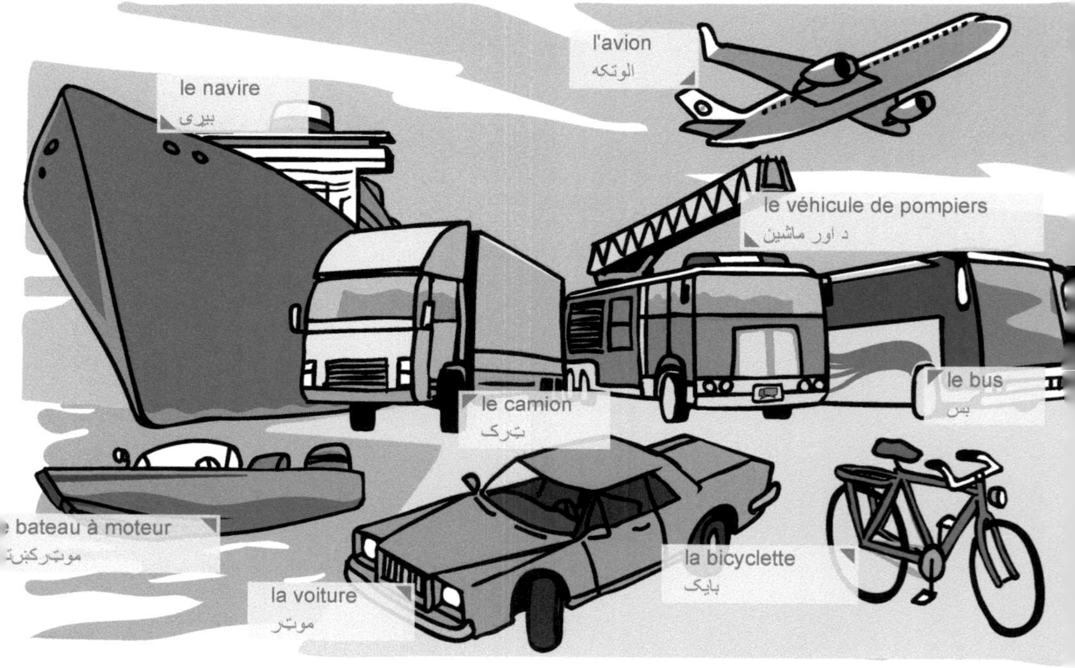
l'avion
الوتکه
le navire
بیړی
le véhicule de pompiers
د اور ماشین
le camion
ټرک
le bus
بس
bateau à moteur
موټرکښتۍ
la bicyclette
بایک
la voiture
موټر

le ferry

کښتۍ

la barque

کښتۍ

la moto

موټرسایکل

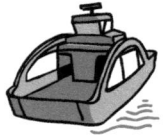

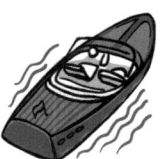

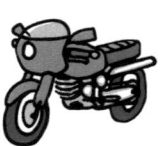

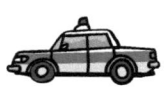

la voiture de police

د پولیسو موټر

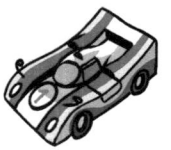

la voiture de course

د ریس موټر

la voiture de location

کرایی موټر

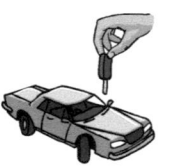

l'auto-partage

د کرایه موټری

la voiture de remorquage

جرثقیل لرونکی ټرک

la benne à ordures

ریفیوز ټرک

le moteur

موټر

l'essence

سونگ توکي

la station d'essence

پټرول سټیشن

le panneau indicateur

ترافیکي نښه

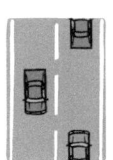

le trafic

ترافیک

l'embouteillage

جام ترافیک

le parking

د موټرو تمځای

la gare

د ریل سټیشن

les rails

پاټکي

le train

ریل

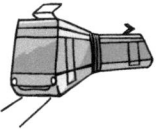

le tramway

ټرام

le wagon

واگون

l'hélicoptère

چورلکه

l'aéroport

هوايي ډکر

la tour

برج

le passager

مسافر

le conteneur

کانټينر

le carton

کارتون

le chariot

کارت

la corbeille

ټوکری

décoller / atterrir

الوتنه کول/کښېناستل

la ville

ښار

le village

کلی

le centre-ville

د ښار مرکز

la maison

کور

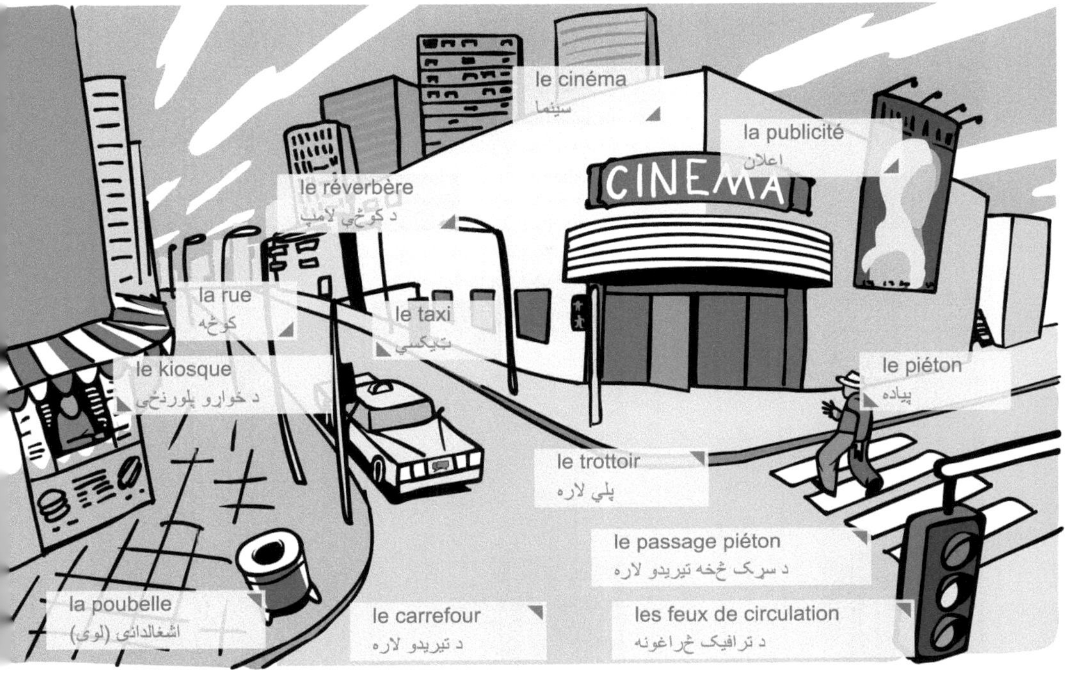

le cinéma سینما

la publicité اعلان

le réverbère د کوڅې لامپ

la rue کوڅه

le taxi ټېکسي

le kiosque د خوارو پلورنځی

le piéton پیاده

le trottoir پلي لاره

le passage piéton د سړک څخه تیریدو لاره

la poubelle اشغالدانۍ (لوی)

le carrefour د تیریدو لاره

les feux de circulation د ترافیک څراغونه

la cabane
کوډله

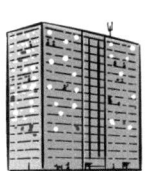

l'appartement
اپارتمان

la gare
د ریل سټېشن

la mairie
ټاون هال

le musée
میوزیم

l'école
ښوونځی

l'université

پوهنتون

la banque

بانک

l'hôpital

روغتون

l'hôtel

هوټل

la pharmacie

درملتون

le bureau

دفتر

la librairie

کتاب پلورنځی

le magasin

پلورنځی

le fleuriste

د ګلانو پلورنځی

le supermarché

لوی پلورنځی

le marché

مارکیت

le grand magasin

د ډیپارټمنټ سټور

le poissonnerie

کب پلورنځی

le centre commercial

د پلور مرکز

le port

لنګرتون

la poissonnerie

le parc

پارک

la banque

بینچ

le pont

پل

les escaliers

زینه

le métro

د خمکی لاندی

le tunnel

تونل

l'arrêt de bus

بس تمځای

le bar

بار

le restaurant

ریستورانت

la boîte à lettres

پوست بکس

le panneau indicateur

د کوڅی نښه

le parcmètre

د پارک کولو میټر

le zoo

ژوبڼ

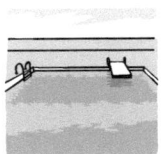

le réverbère

د لامپو حوض

la mosquée

مسجد

la ferme

كرونده

la pollution

ناپاکي

la cimetière

هدیره

l'église

چرچ

l'aire de jeux

د لوبو ډګر

le temple

معبد/کلیسا

le paysage

منظره

la feuille
پانه

le panneau indicateur
د لاریښوونی نښه

le chemin
لاره

le pré
چمن

la pierre
کانی

le randonneur
هيکر

l'arbre
ونه

la rivière
سیند

l'herbe
واښه

la fleur
ګل

14   le paysage - منظره

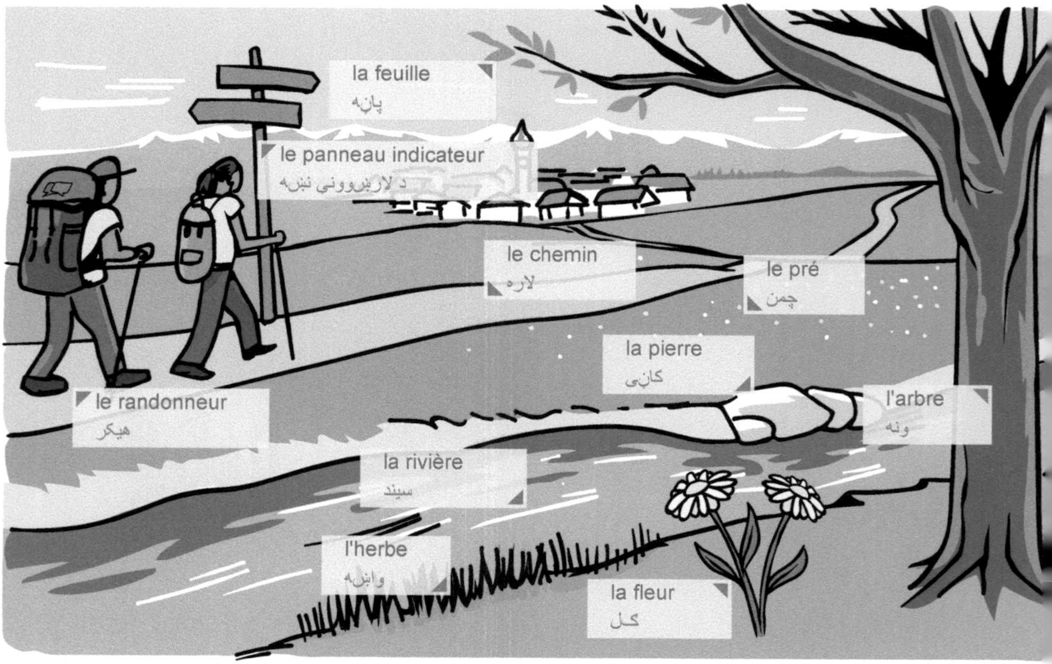

la vallée

دره

la montagne

غوندی

le lac

ناور

la forêt

ځنګل

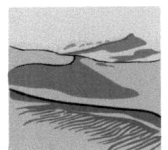

le désert

دښته

le volcan

اورشیندی

le château

کلا

l'arc-en-ciel

رنگین کمان

le champignon

مرخيړي

le palmier

پلم ونه

le moustique

ماشی

la mouche

الوتل

les fourmis

ميږی

l'abeille

مچی

l'araignée

غوندۍ/جولا

le coléoptère

کونکت

la grenouille

چونگشه

l'écureuil

نولی

le hérisson

زیرکی

le lièvre

سوی

la chouette

کونک

l'oiseau

مرغی

le cygne

قازه

le sanglier

نرخوک

le cerf

هوسی

l'élan

گاوزه

le barrage

بند

l'éolienne

بادي توربین

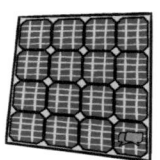

le panneau solaire

سولر تختّی

le climat

اقلیم

le restaurant

ريستورانټ

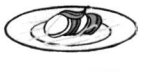

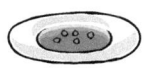

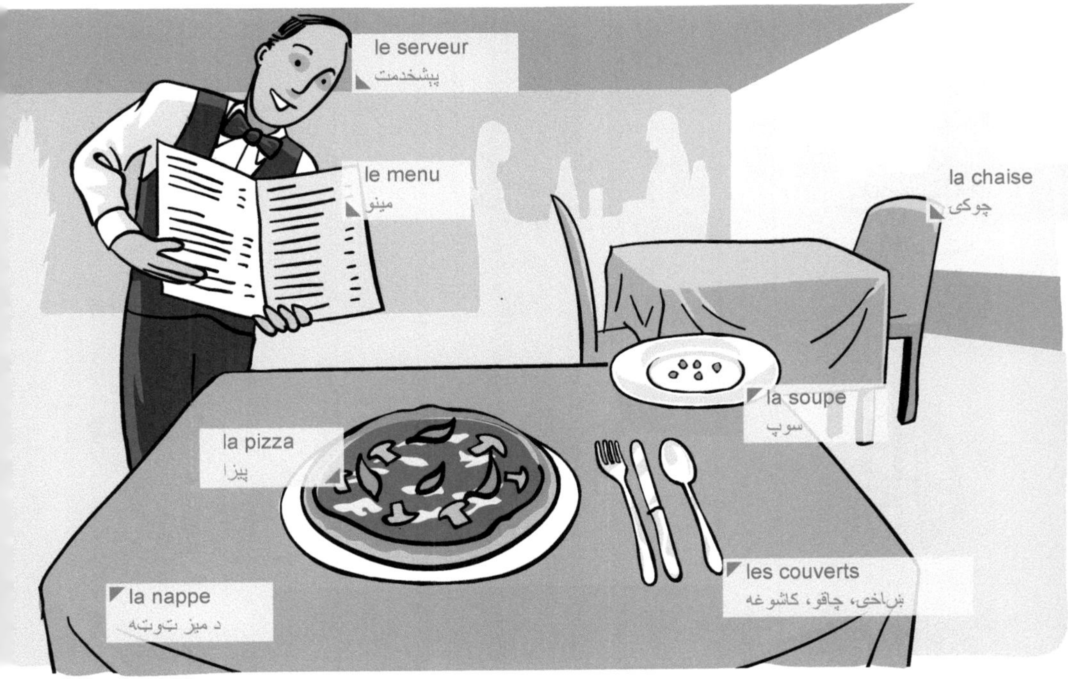

le serveur
پيشخدمت
le menu
مينو
la chaise
چوکۍ
la soupe
سوپ
la pizza
پيزا
les couverts
ښاخې، چاقو، کاشوغه
la nappe
د ميز پټوڼه

les hors d'œuvre

ستارټر

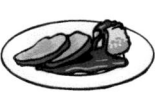

le plat principal

اصلي خواړه

le dessert

شيريني

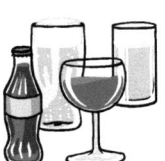

les boissons

څښاک

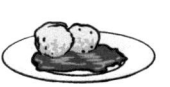

l'alimentation

خواړه

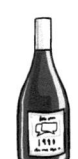

la bouteille

بوتل

le fast-food

فاست فود

les plats à emporter

د کوڅی خواره

la théière

چای جوش

le sucrier

قندانی

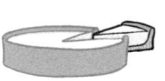

la portion

برخه

la machine à expresso

اسپرسو مشین

la chaise haute

لوړه چوکی

la facture

رسید

le plateau

مجمه

le couteau

چاکو

la fourchette

پنجه

la cuillère

قاشق

la cuillère à thé

چای قاشق

la serviette

سورویت

le verre

ګلاس

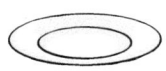

l'assiette

پلیټ

l'assiette à soupe

د سوپ پلیټ

la soucoupe

نالبکۍ

la sauce

ساس

la salière

مالګه شیندونکی

le moulin à poivre

د مرچ ټکولو لوخی

le vinaigre

سرکه

l'huile

غوړي

les épices

مساله

le ketchup

کچ اپ

la moutarde

شۍشم

la mayonnaise

چکه

le supermarché

لوی پلورنځی

l'offre promotionnelle
خانګړی وړاندیز
FOR
le client
پیرودونکی
les produits laitiers
لبنیات
les fruits
میوه
le chariot
لاسي ګرځ

BUTCHERS

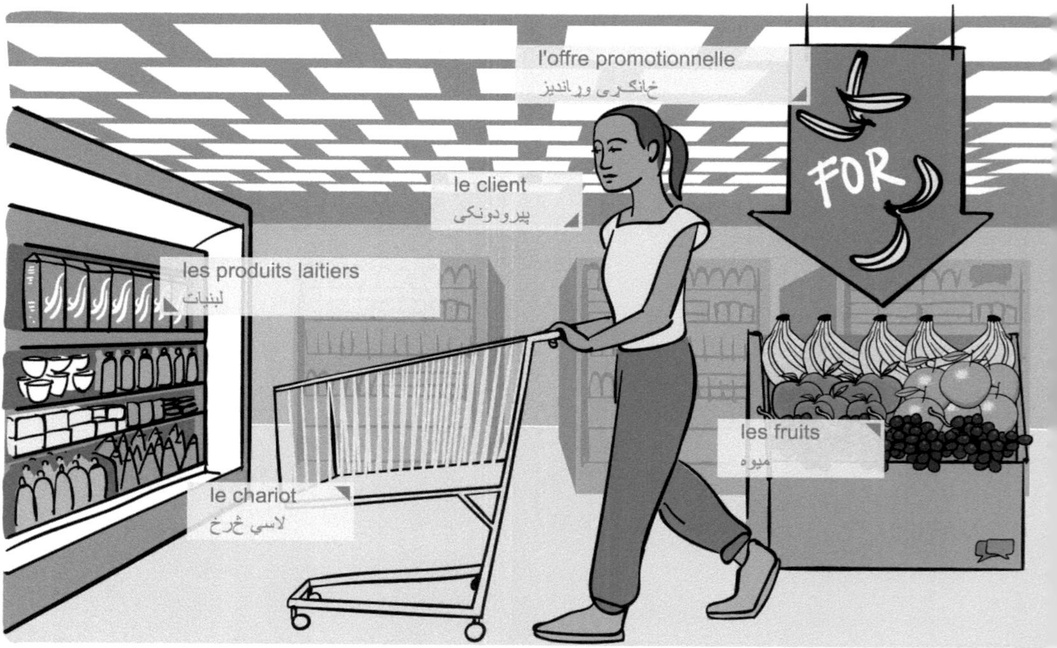

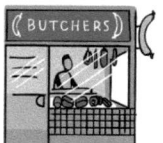

la boucherie

قصابي

BAKERY

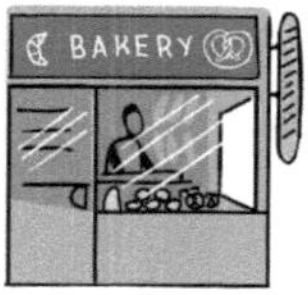

la boulangerie

نانوایی

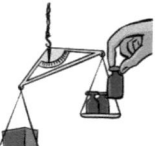

peser

وزن کول

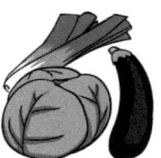

les légumes

سبزیجات

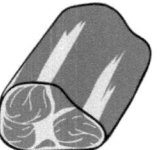

la viande

غوښه

les aliments surgelés

کنګل خواړه

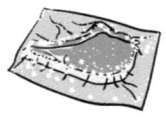

la charcuterie

یخه غوښه

les conserves

کنسروا خواړه

la poudre à lessive

د مینځلو پودر

les bonbons

شیریني

les articles ménagers

کورني تولیدات

les détergents

د پاکولو محصولات

la vendeuse

د پلور فرد

la caisse

د نغدي راجستر

le caissier

صراف

la liste d'achats

د پیرودو لیست

les heures d'ouverture

کاري ساعتونه

le portefeuille

بټوه

la carte de crédit

کریدیټ کارت

le sac

کڅوړه

le sac en plastique

پلاستیک کڅوړه

le supermarché - لوی پلورنځی   21

l'eau

اوبه

le jus de fruit

سوج

le lait

شيده

le coca

کوک

le vin

واين

la bière

بير

l'alcool

الکول

le chocolat chaud

ککاو

le thé

چای

le café

کافي

l'expresso

اسپرسو

le cappuccino

کپچينو

la banane

كِله

la pomme

مڼه

l'orange

نارنج

le melon

هندوانه

le citron.

ليمو

la carotte

كازره

l'ail

هوږه

le bambou

بانكس

l'oignon

پياز

le champignon

مرخيړي

les noisettes

چغزى

les pâtes

اش

les spaghetti

سپیگـتي

le riz

وریجی

la salade

سلاد

les pommes frites

چپس

les pommes de terre rôties

سره کري کچالو

la pizza

پیزا

le hamburger

همبرکـر

le sandwich

ساندویچ

l'escalope

کتره

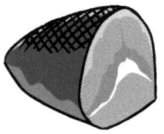

le jambon

د پټون غوښه

le salami

سلمي

la saucisse

ساسچ

le poulet

چرک

le rôti

روستٖ

le poisson

کب

les flocons d'avoine

د وربشی شیرني

le muesli

موسلي

les cornflakes

د جوار پلی

la farine

اوړه

le croissant

کروسانت

les petits-pains

د ډوډۍ رول

le pain

ډوډۍ

le pain grillé

ټوسټ

les biscuits

بسکیت

le beurre

کوچ

le fromage blanc

چکه

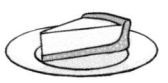

le gâteau

کیک

l'œuf

هګۍ

l'œuf au plat

پښی هګۍ

le fromage

پنیر

la glace

أيس كريم

le sucre

بوره

le miel

ثهد

la confiture

مربا

la crème nougat

نوكات كريم

le curry

كوركمان

la ferme

کرونده

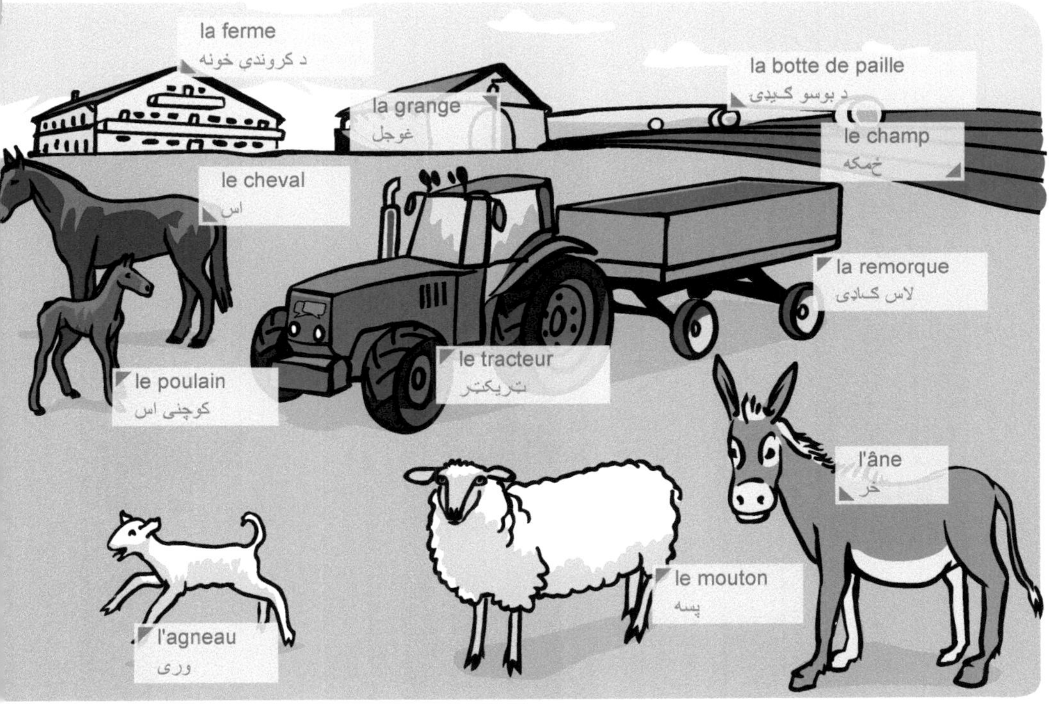
la ferme
د کروندي خونه
la grange
غوجل
la botte de paille
د بوسو کیدی
le champ
خمکه
le cheval
اس
la remorque
لاس کادی
le tracteur
تریکتر
le poulain
کوچنی اس
l'âne
خر
le mouton
پسه
l'agneau
وری

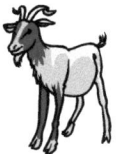

la chèvre
....
وزه

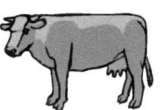

la vache
....
غوا

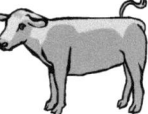

le veau
....
خوسکی

le porc
....
خوگ

le porcelet
....
د خوگ بچی

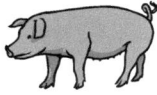

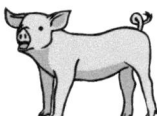

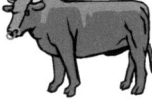

le taureau
....
غویی

l'oie

بته

le canard

هيلۍ

le poussin

چرګوړی

la poule

چرګه

le coq

بانګي

le rat

ساړای موږک

le chat

پیشک

la souris

موږک

le bœuf

غویی

le chien

سپی

le chenil

د سپي خونه

le tuyau de jardin

د باغ هوز

l'arrosoir

د اوبو لوخی

la faucheuse

لور (داس)

la charrue

یوی

la faucille

لور

la pioche

رمبی

la fourche

بښاخی

la hache

تبر

la brouette

کراچی

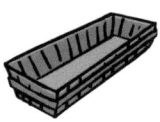

la cuve

هاوه

le pot à lait

د شیدو لوخی

le sac

جوال

la clôture

کټاره

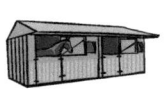

l'étable

مضبوط

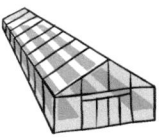

le serre

شنه خونه

le sol

خاوره

les semences

تخم

l'engrais

سره/ه.کود

la moissonneuse-batteuse

کد ریبونکی ماشین

récolter

زیرمه کول

la récolte

درمند

l'igname

خواړه کچالو

le blé

غنم

le soja

سویا

la pomme de terre

کچالو

le maïs

جوار

le colza

نباتي تخم

l'arbre fruitier

د میوی ونه

le manioc

مانیوک

les céréales

غله

la maison

کور

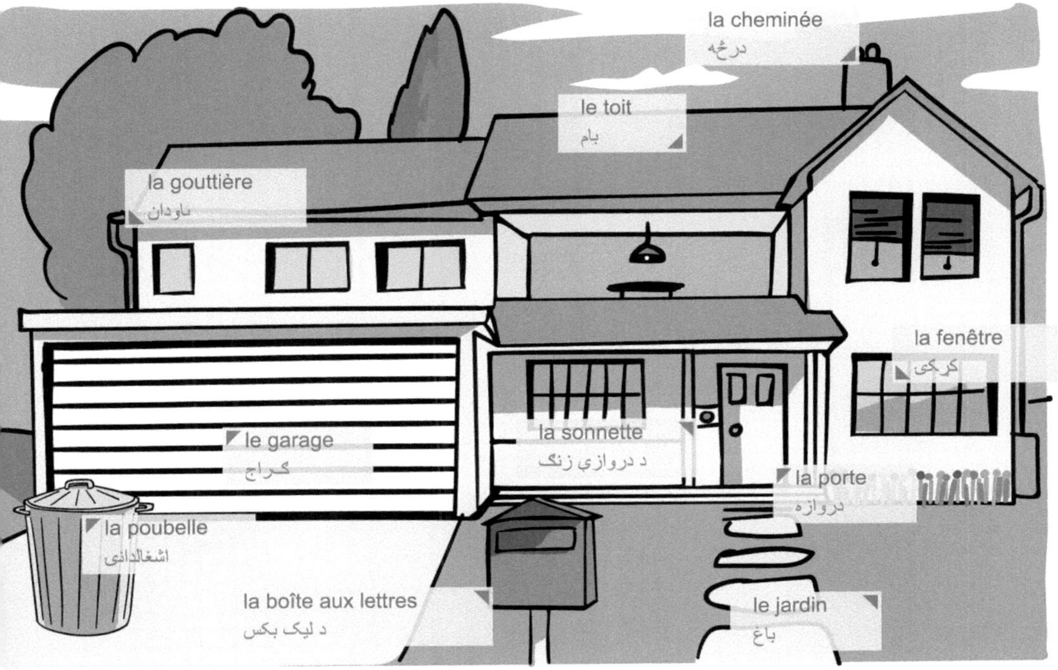

la cheminée
درځه
le toit
بام
la gouttière
ناودان
la fenêtre
کړکۍ
le garage
ګراج
la sonnette
د دروازې زنګ
la porte
دروازه
la poubelle
اشغالدانی
la boîte aux lettres
د لیک بکس
le jardin
باغ

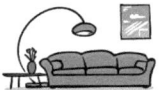

le salon

د اوسیدو خونه

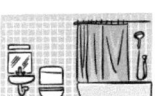

la salle de bain

حمام

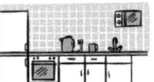

la cuisine

پخلنځی

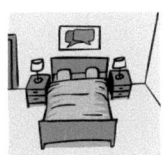

la chambre à coucher

د ویده کیدو خونه

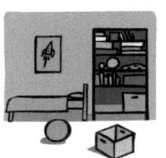

la chambre d'enfant

د ماشوم خونه

la salle à manger

د خوړو خونه

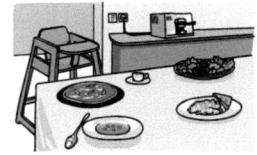

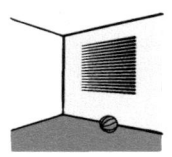

le sol

فرش

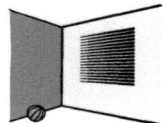

le mur

دیوال

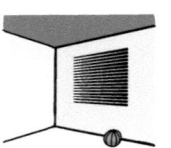

le plafond

چت

la cave

زیرخانه

le sauna

سونا

le balcon

بالکونی

la terrasse

تراس

la piscine

حوض

la tondeuse à gazon

د چمن وهلو ماشین

la housse

شیت

la couette

روجایی

le lit

تخت

le balai

جارو

le sceau

بوکه

l'interrupteur

سویچ

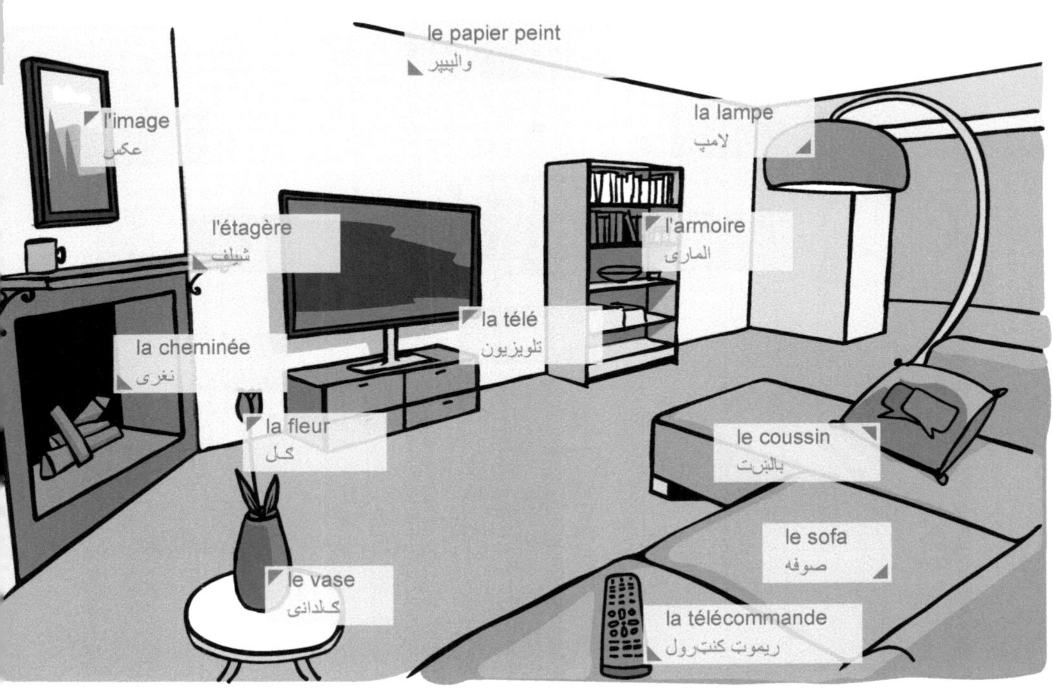

le papier peint
والپیپر

la lampe
لامپ

l'image
عکس

l'étagère
شیلف

l'armoire
الماری

la cheminée
نغری

la télé
تلویزیون

la fleur
گل

le coussin
بالښت

le sofa
صوفه

le vase
گلدانی

la télécommande
ریموټ کنټرول

le tapis
غالی

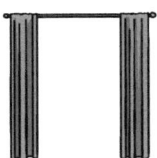

le rideau
پرده

la table
میز

la chaise
چوکی

la chaise à bascule
تاویدونکي چوکی

le fauteuil
بازو لرونکی چوکی

le livre

كتاب

la couverture

كمبل

la décoration

ديكوريشن

le bois de chauffage

د اور لركي

le film

فلم

la chaîne hi-fi

هايفاى

la clé

كلي

le journal

ورځپاڼه

la peinture

نقاشي

le poster

پوستر

la radio

راديو

le bloc-notes

كتابچه

l'aspirateur

واكيوم جارو

le cactus

كاكتوس

la bougie

شمع

la cuisine

پخلنځی

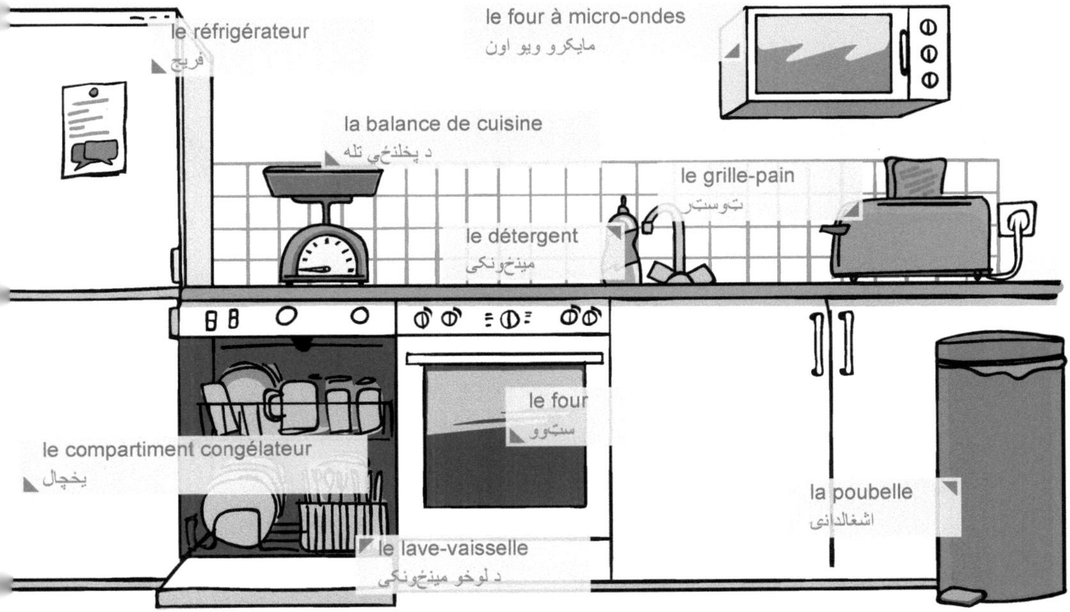

le réfrigérateur
فریج
le four à micro-ondes
مایکرو ویو اون
la balance de cuisine
د پخلنځي تله
le grille-pain
ټوسټر
le détergent
مینځونکی
le four
سټوو
le compartiment congélateur
یخچال
la poubelle
اشغالدانی
le lave-vaisselle
د لوخو مینځونکی

le four

دیگ بخار

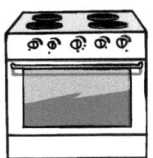

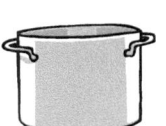

la casserole

لوخی

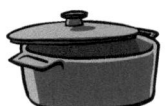

la marmite

چدني لوخی

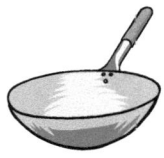

le wok / kadai

ووک

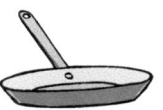

la poêle

د تلي په

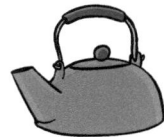

la bouilloire electrique

چای جوش

le cuiseur vapeur

د بخار ديگ

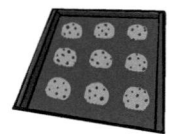

la plaque de cuisson

پتنوس

la vaisselle

لوخي

le gobelet

مګ

la coupe

كاسه

les baguettes

د رانيولو اوزار

la louche

څمڅۍ

la spatule

كفګير

le fouet

پاكونكى

la passoire

صافي

le tamis

غلبيل

la râpe

كريتر

le mortier

اونګ

le barbecue

بار بي كيو

la cheminée

خلاص اور

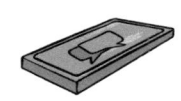

la planche à découper

تخته

le rouleau à pâtisserie

هوارونکی

le tire-bouchon

کارک سکریو

la boîte

ټیم

l'ouvre-boîte

د ټیم خلاصونکی

les maniques

د لوخي نټوبّه

le lavabo

ظرف شوی

la brosse

برس

l'éponge

سپنج

le mixeur

بلیندر

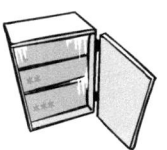

le congélateur

ژور یخچال

le biberon

د ماشوم بوتل

le robinet

نل

la salle de bain

حمام

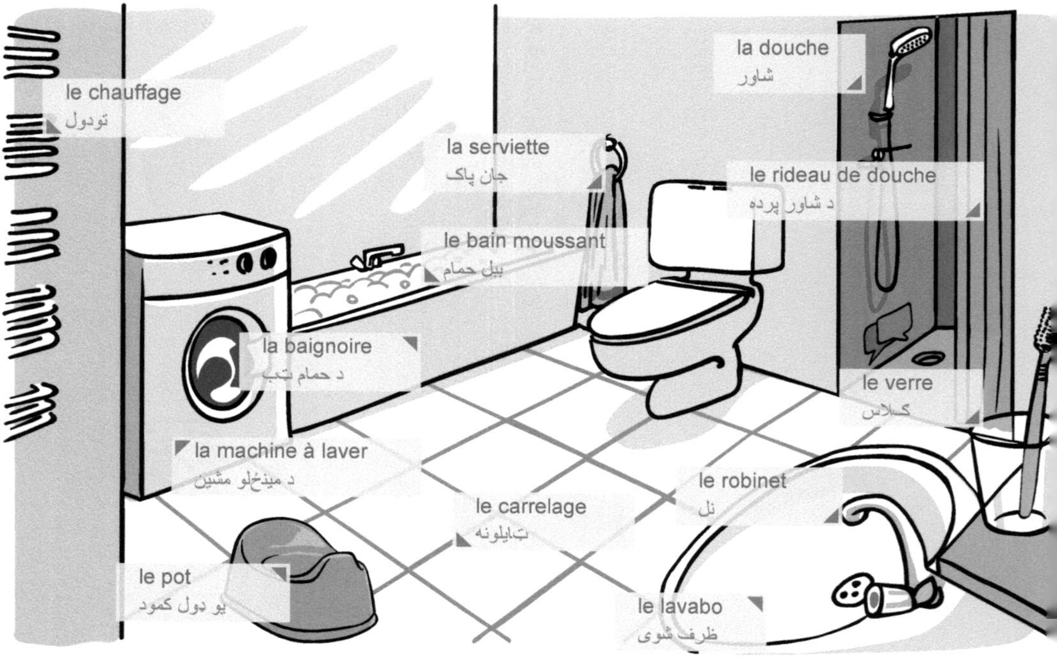
le chauffage
تودوخ
la serviette
جان پاک
la douche
شاور
le rideau de douche
د شاور پرده
le bain moussant
ببل حمام
la baignoire
د حمام ټب
le verre
ګلاس
la machine à laver
د مینځلو مشین
le robinet
نل
le carrelage
ټایلونه
le pot
یو ډول کمود
le lavabo
ظرف شوی

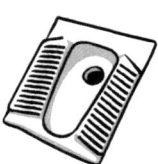

les toilettes

تشناب

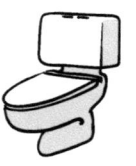

la toilette à la turque

فرشي کمود

le bidet

کمود

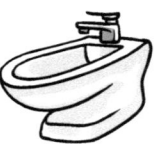

l'urinoir

د متیازو ځای

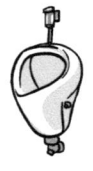

le papier toilette

تشناب کاغذ

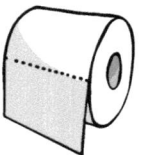

la brosse à toilette

د تشناب برس

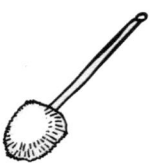

la brosse à dents

د غاښونو برس

le dentifrice

د غاښونو کريم

le fil dentaire

د غاښونو نخ

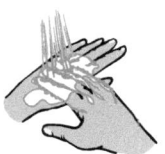

laver

مينځل

la douche manuelle

لاسي شاور

la douche intime

دوش

la vasque

خانک

la brosse dorsale

د شا برس

le savon

صابون

le gel douche

د شاور ژل

le shampooing

شامپو

le gant de toilette

فلانل جامه

l'écoulement

وچول

la crème

کريم

le déodorant

سپري

le miroir

آینه

le miroir cosmétique

لاسي آینه

le rasoir

ریزر

la mousse à raser

د خریلو فوم

l'après-rasage

د خریلو وروسته

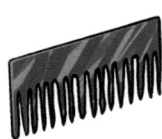

la peigne

کمنځخ

la brosse

برس

le sèche-cheveux

د ویښتانو وچونکی

la laque pour cheveux

د ویښتانو سپری

le fond de teint

میک اپ

le rouge à lèvres

لیپ ستیک

le vernis à ongles

د نوکانو پالش

l'ouate

کاتن وړی

le coupe-ongles

ناخن گیر

le parfum

عطر

la trousse de toilette

د مينځلو کڅوړه

le tabouret

ستړول

le pèse-personne

د وزن کولو تله

le peignoir

د حمام پوښاک

les gants de nettoyage

د ربر دستکش

le tampon

ټامپون

les serviettes hygiéniques

صحيی جان پاک

la toilette chimique

کيميکل تشناب

la chambre d'enfant

د ماشوم خونه

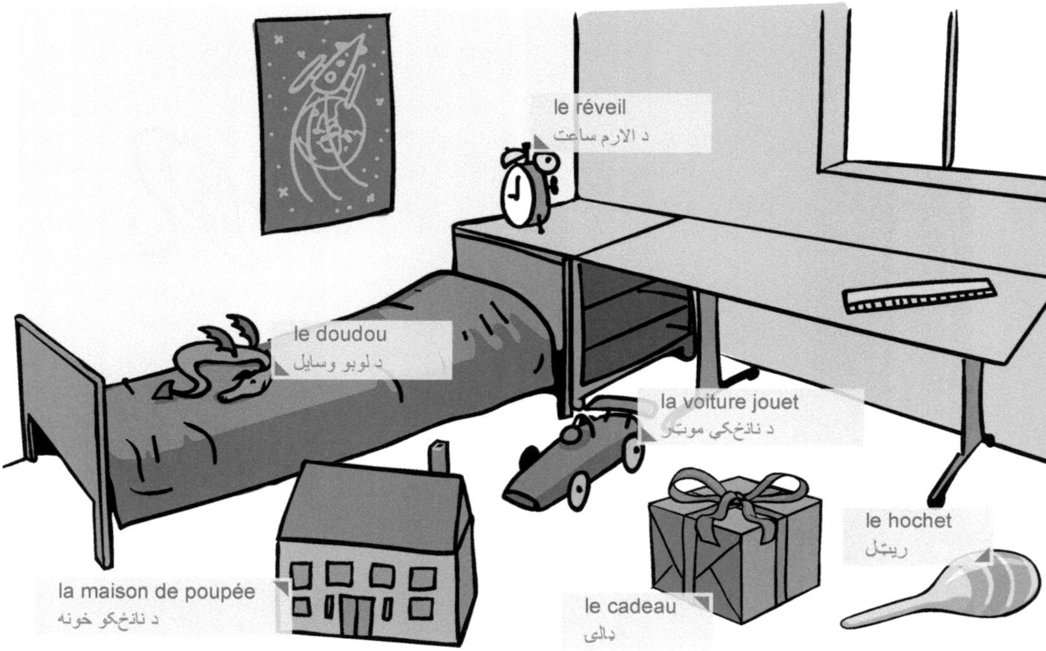
le réveil
د الارم ساعت
le doudou
د لوبو وسایل
la voiture jouet
د ناڅکي موټر
le hochet
ريتل
la maison de poupée
د ناڅکو خونه
le cadeau
ډالۍ

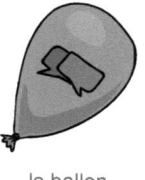

le ballon

بالون

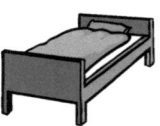

le lit

تخت

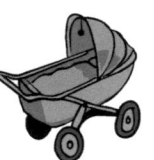

la poussette

کالسکه

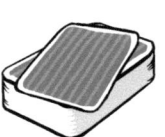

le jeu de cartes

د لوبو ورقي

le puzzle

جيګسا

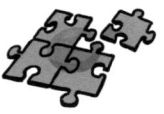

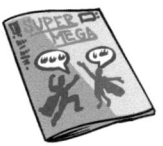

la bande dessinée

مسخره

les pièces lego

ليكو بريك

les blocs de construction

د نانځكو بلاک

la figurine

د اكشن فيګور

la grenouillère

د ماشوم پوښاک

le frisbee

فريزبي

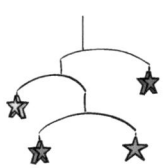

le mobile

موبايل

le jeu de société

بورډ لوبه

le dé

تاس

le train miniature

مادل ريل سيټ

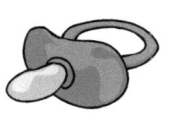

la sucette

كونكښى

la fête

پارتي

le livre d'images

د عكسونو البوم

la balle

بال

la poupée

نانځكه

jouer

لوبيدل

le bac à sable

د شګو کنده

la balançoire

سوينګ

les jouets

ناڅخکی

la console de jeu

د ويډيو لوبو کنسول

le tricycle

تری سایکل

l'ours en peluche

ګوډمکه

l'armoire

د کالو الماری

les vêtements

پوښاک

les chaussettes

جرابی

les bas

لوزي جرابی

le collant

تایټس

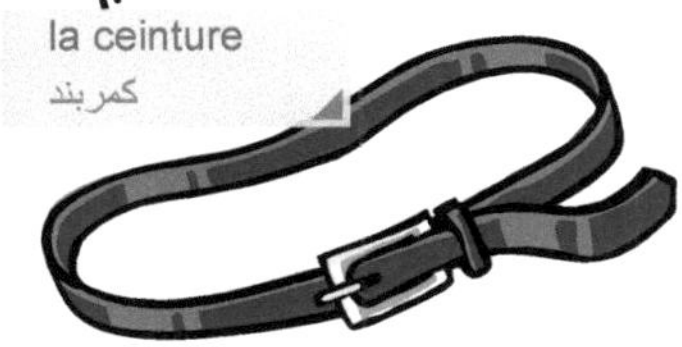

l'écharpe

ژروکی

la ceinture

کمربند

le parapluie

چتری

le t-shirt

ټي شرت

les bottes

بوټان

les baskets

سنیکر

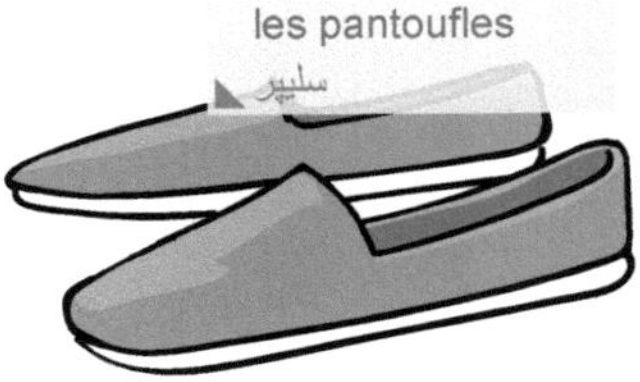

les pantoufles

سلیپر

les sandales

سینډل

les chaussures

بوټان

les bottes de caoutchouc

د ربر بوټان

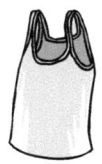

les sous-vêtements

زیرنیکري

le soutien-gorge

سینه بند

le maillot de corps

واسکټ

le body

بادي

le pantalon

پتلون

le jean

جينز

la jupe

لمن

le chemisier

بلاوز

la chemise

شرت

le pull

بنيان

le sweat à capuche

سويبتر

la veste

بليزر

la veste

جاکت

le manteau

کوت

l'imperméable

د باران کوت

le costume

پوښاک

la robe

کالي

la robe de mariée

د واده پوښاک

le costume

دريشي

la chemise de nuit

د شپي پوښاک

le pyjama

پاجامه

le sari

ساري

le foulard

لوپټه

le turban

پټکی

la burqa

برقه

le caftan

کفتن

l'abaya

عبا

le maillot de bain

د لامبو پوښاک

le maillot de bain

نيکر

le short

شارټ

la tenue d'entraînement

د خغاستي پوښاک

le tablier

پيش بند

les gants

دستکش

le bouton

بتن

les lunettes

عینک

le bracelet

لاس بند

le collier

غاړه کۍ

la bague

ګوتمه

la boucle d'oreille

غوږوالۍ

le bonnet

خولۍ

le cintre

کوټ بند

le chapeau

خولۍ

la cravate

نټایی

la fermeture éclair

څنځیر

le casque

هلیمټ

les bretelles

تړونکی

l'uniforme scolaire

د ښوونځي یونیفارم

l'uniforme

یونیفارم

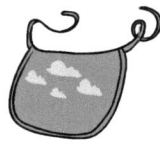

le bavoir

بیب

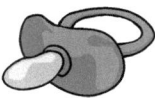

la sucette

ګـونګـشی

la lange

نیپي

le bureau

دفتر

le serveur
سرور
l'armoire d'archivage
د دوسیه الماری
l'imprimante
پرینټر
le papier
ورق
l'écran
مانیټور
le bureau
ډیسک
la souris
ماوس
le classeur
فولډر
le clavier
کي بورډ
la corbeille à papier
اشغالدانی
l'ordinateur
کمپیوټر
la chaise
چوکۍ

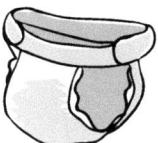

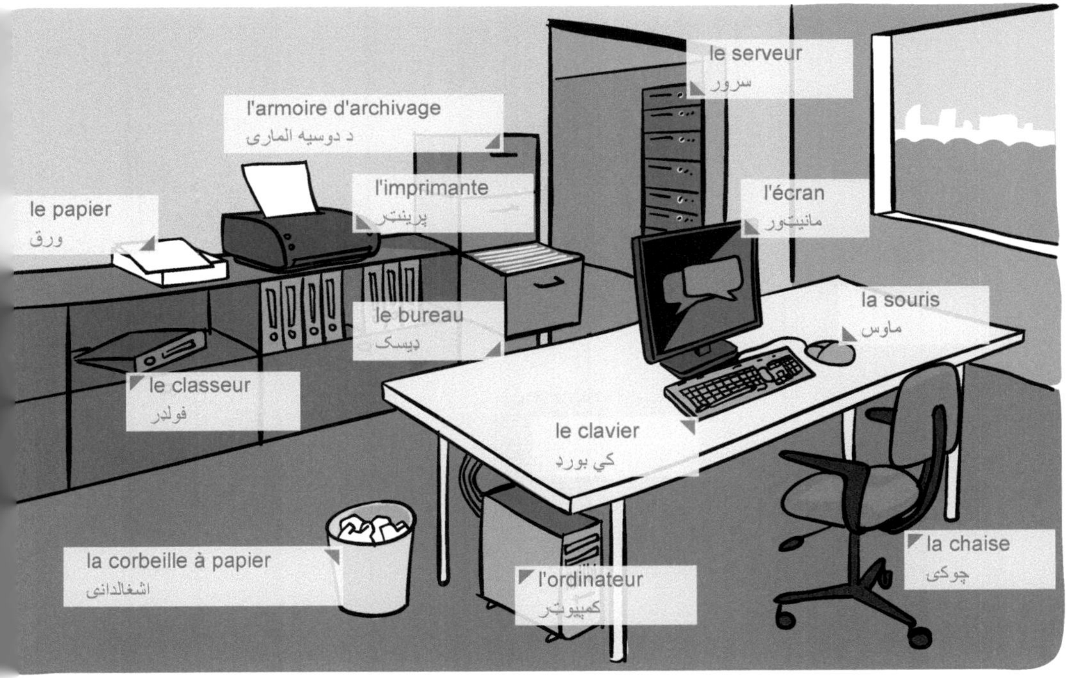

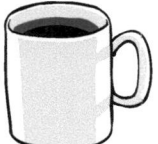

la tasse de café

د کافي پیاله

la calculatrice

کالکولیټر

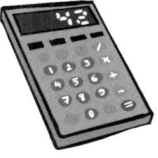

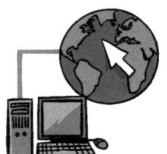

l'internet

انټرنیټ

l'ordinateur portable

لپ تاپ

la lettre

کیل

le message

پیغام

le portable

موبایل

le réseau

کرتویّن

la photocopieuse

فوتوکاپیر

le logiciel

سافتویر

le téléphone

تلیفون

la prise

پلک ساکت

le fax

فکس مشین

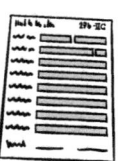

le formulaire

فارم

le document

سند

acheter

پیرل

payer

کول هدیات

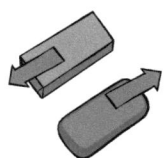

faire du commerce

کول يرکادوس

la monnaie

سیپی

USD

le dollar

ډالر

EUR

l'euro

یورو

JPY

le yen

ین

RUB

le rouble

ریل

CHF

le franc suisse

کنارف يسيويس

CNY

le renminbi yuan

ناوی يبنيمنير

INR

la roupie

روپی

le distributeur automatique

د نغدي پيسو خای

le bureau de change

د اسعارو د تبادلي دفتر

l'or

سره زر

l'argent

سپین زر

le pétrole

تيل

l'énergie

انرژي

le prix

نرخ

le contrat

قرارداد

la taxe

ماليه

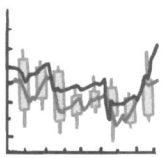

l'action

اسهام

travailler

کار کول

l'employé

کارمند

l'employeur

کار کومارونکی

l'usine

فابریکه

le magasin

پلورنځی

les professions
مسلکونه

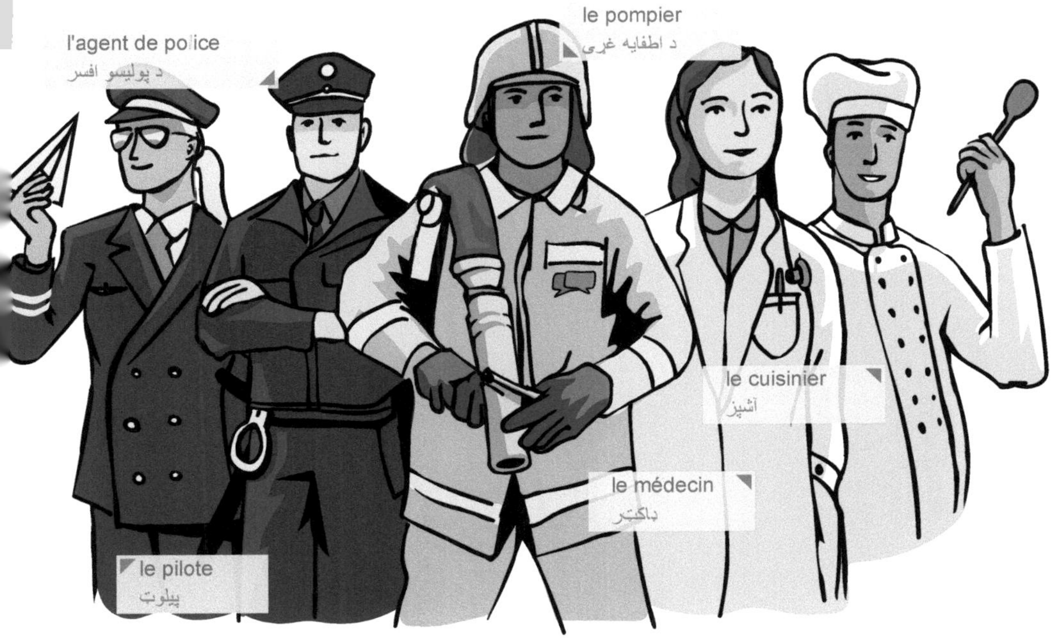
l'agent de police
د پولیسو افسر
le pompier
د اطفایه غړی
le cuisinier
آشپز
le médecin
ډاکټر
le pilote
پیلوټ

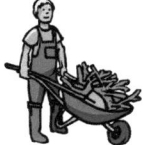

le jardinier
باغوان

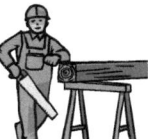

le menuisier
نجار

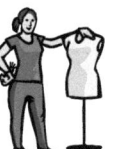

la couturière
خیاط

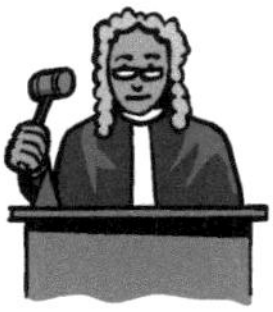

le juge
قاضي

le chimiste
کیمیا پوه

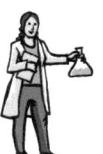

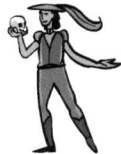

l'acteur
د فلم لوبغاړی

le conducteur de bus

د بس ډرايور

le chauffeur de taxi

د ټيكسي ډرايور

le pêcheur

کب نيونکی

la femme de ménage

خدمه

le couvreur

بام جوړونکی

le serveur

پيشخدمت

le chasseur

ښکاري

le peintre

نقاش

le boulanger

نانوا

l'électricien

د برېښنا کارکونکی

l'ouvrier

تعمیر جوړونکی

l'ingénieur

انجنیر

le boucher

قصاب

le plombier

نلدوان

le facteur

پوست رسونکی

le soldat

سرتیری

l'architecte

مهندس

le caissier

صراف

le fleuriste

مالیار

le coiffeur

نایی

le contrôleur

کلیندر

le mécanicien

میکانیک

le capitaine

کپتان

le dentiste

د غاښونو ډاکتر

le scientifique

ساینس پوه

le rabbin

بناغلی

l'imam

امام

le moine

مذهبي نفر

le prêtre

پادري

les outils
لوازم

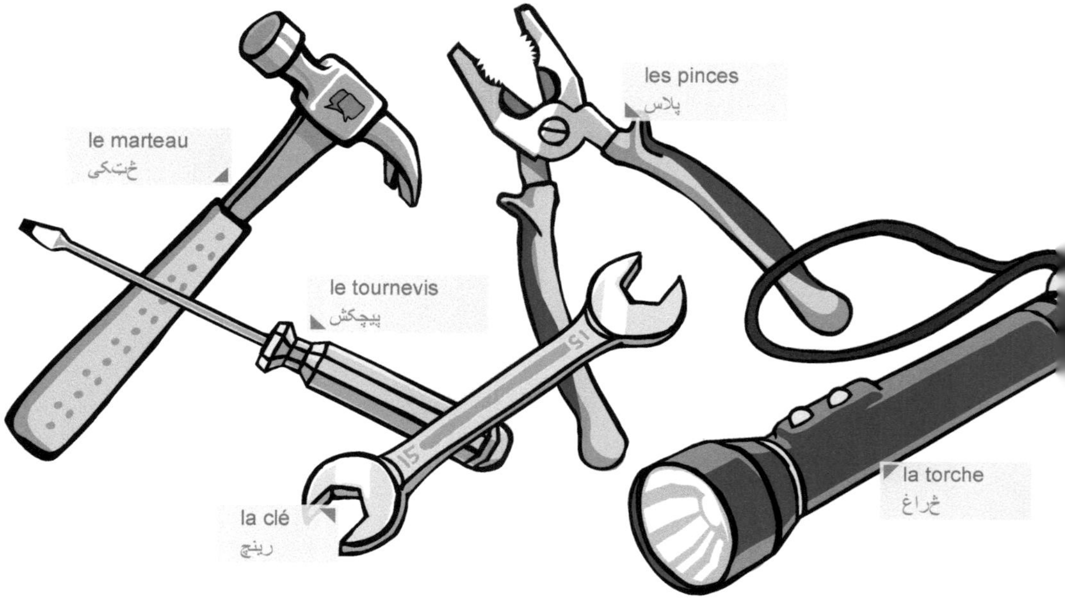
les pinces
پلاس
le marteau
څټکی
le tournevis
پیچکش
la clé
رینچ
la torche
څراغ

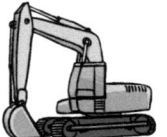

la pelleteuse
کنستونکی

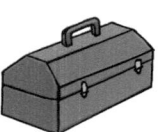

la boîte à outils
د لوازمو بکس

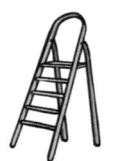

l'échelle
زینه

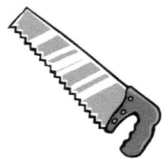

la scie
اره

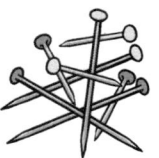

les clous
میخونه

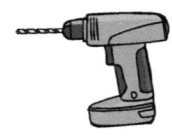

la perceuse
برمه

réparer

ترمیم کول

la pelle

بیل

Mince !

لعنت!

la pelle

خاک انداز

le pot de peinture

مشوانی

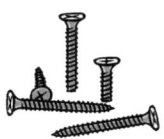

les vis

پیچونه

les instruments de musique

د میوزیک آلات

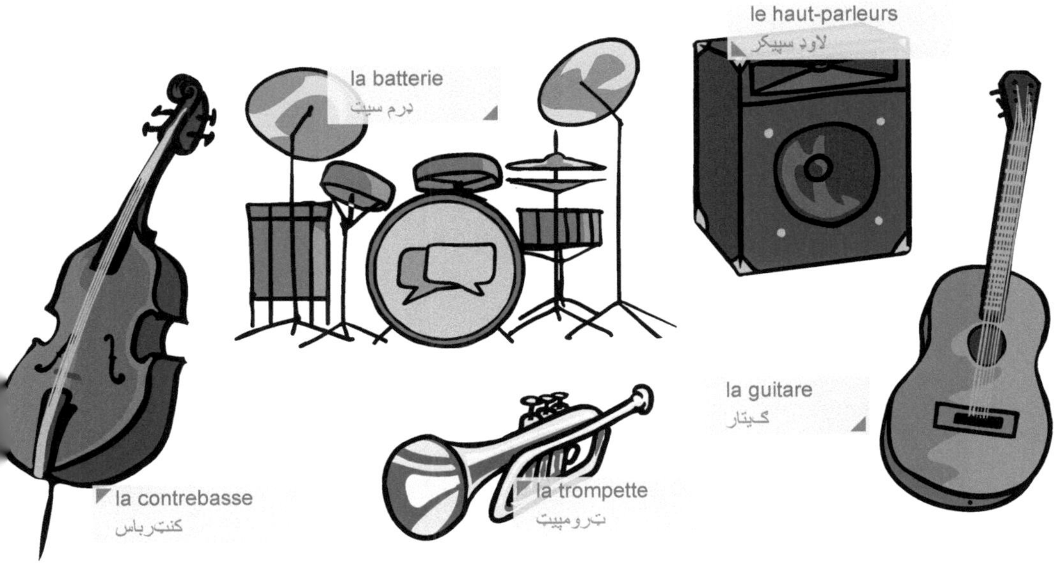

le haut-parleurs
لاود سپیکر

la batterie
درم سیت

la guitare
گیتار

la contrebasse
کنترباس

la trompette
ترومپیت

le piano

پیانو

le violon

وایلن

la basse

باس

les timbales

نغاره

le tambour

ډرمونه

le piano électrique

درې بوک

le saxophone

سېکسافون

la flûte

شپېلۍ

le microphone

مايکروفون

le zoo

ژوبڼ

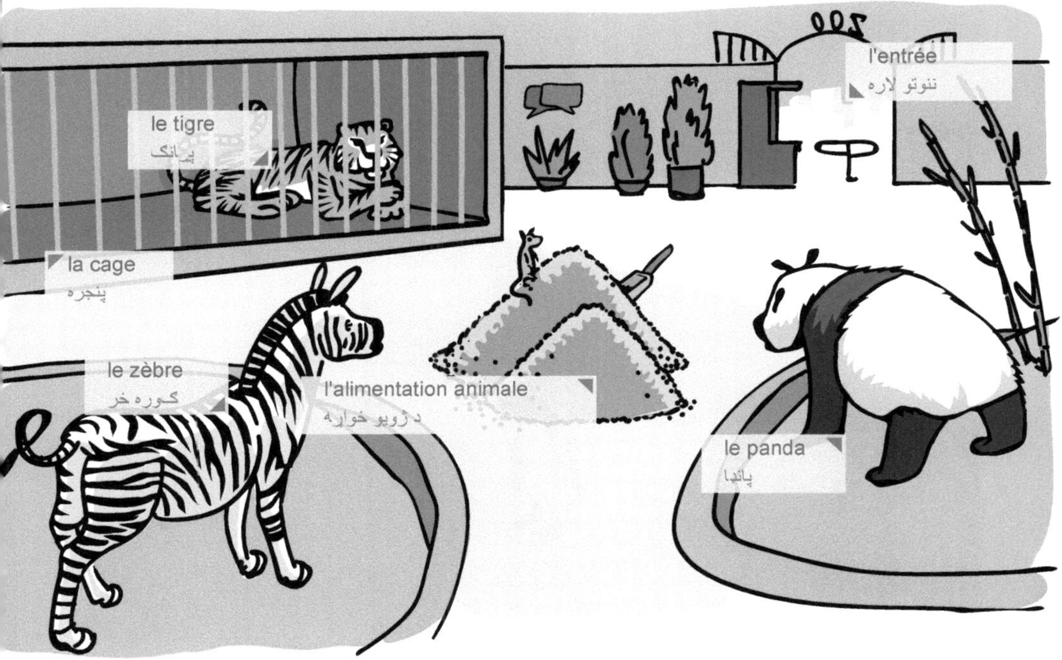

l'entrée
ننوتو لاره
le tigre
پړانګ
la cage
پنجره
le zèbre
ګوره خر
l'alimentation animale
د ژویو خواړه
le panda
پانډا

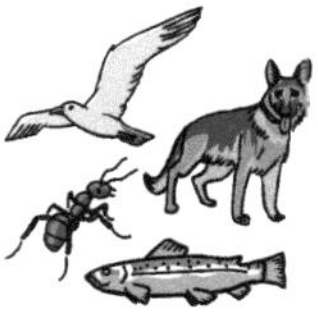

les animaux

....

ژوی

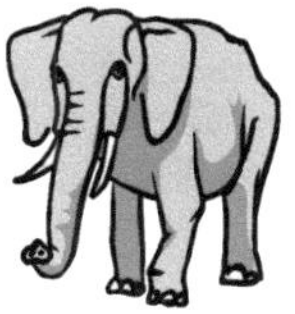

l'éléphant

....

هاتي

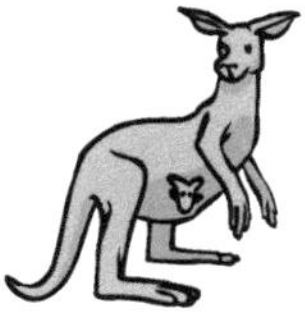

le kangourou

....

کنګرو

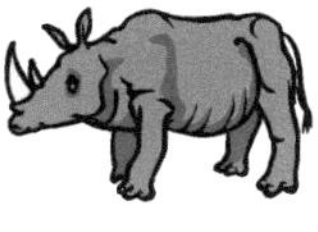

le rhinocéros

....

د اوبو اسپ

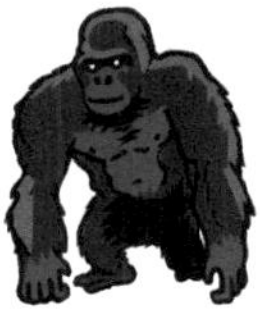

le gorille

....

ګوریلا

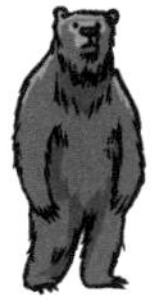

l'ours

....

ایږه

le chameau

اوښ

l'autruche

شترمرغ

le lion

زمرى

le singe

بيزو

le flamand rose

غزى

le perroquet

طوطي

l'ours polaire

قطبي ايږه

le pingouin

پينگوين

le requin

شارک

le paon

طاوس

le serpent

مار

le crocodile

تمساح

le gardien de zoo

ژوبن ساتونکى

le phoque

سيل

le jaguar

جګوار

le poney

يابو

le léopard

پرانگ

l'hippopotame

هيپو

la girafe

زرافه

l'aigle

باز

le sanglier

نرخوک

le poisson

کب

la tortue

شُمُشْتى

le morse

سمندري نولى

le renard

گيدره

la gazelle

هوسى

l'american Football
امریکایی فټبال

le cyclisme
سایکل چلول

le tennis
ټینس

le basket-ball
باسکیټبال

la natation
لامبو

la boxe
باکسینګ

le hockey sur glace
د کنګل هاکي

le football
فټبال

le badminton
کسیزه

l'athlétisme
د خغاستی لوبی

le handball
د هندبال

le ski
سکي

le polo
پولو

les activités
فعالیتونه

rire
خندل
sauter
توپ وهل
embrasser
غاړه ورکول
marcher
گرځېدل
chanter
سندرې ویل
rêver
خوب لیدل
prier
عبادت کول
faire la bise
مچو کول

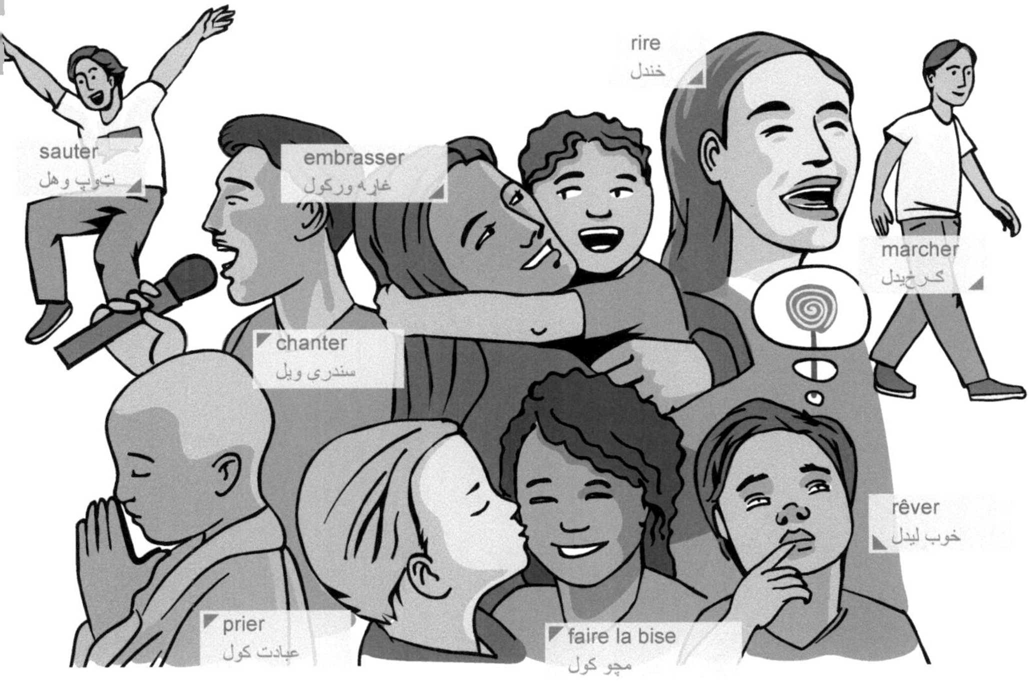

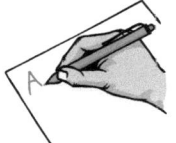

écrire
....
لیکل

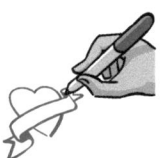

dessiner
....
کښل

montrer
....
ښودل

pousser
....
ټېله کول

donner
....
ورکول

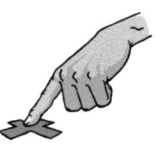

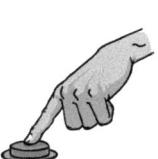

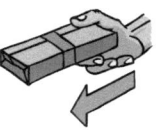

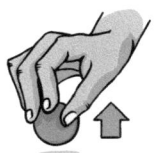

prendre
....
اخیستل

avoir

درلودل

faire

کول

être

پاییدل

être debout

ودریدل

courir

منډی وهل

trier

راکبنل

jeter

ګوزارل

tomber

لویدل

être couché

څملاستل

attendre

انتظار کول

porter

ورل

être assis

کښیناستل

s'habiller

پوښاک اغوستل

dormir

ویده کیدل

se réveiller

پاڅیدل

regarder

كتل

pleurer

ژرل

caresser

بريد كول

peigner

كمنځ كول

parler

خبرى كول

comprendre

پوهيدل

demander

غوښتل

écouter

اوريدل

boire

څښل

manger

خورل

ranger

پاكول

aimer

مينه كول

cuire

پخلى كول

conduire

موټر چلول

voler

الوتل

les activités - فعاليتونه

faire de la voile

بیری چلول

calculer

حساب

lire

لوستل

apprendre

زده کول

travailler

کار کول

se marier

واده کول

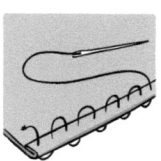

coudre

کنډل

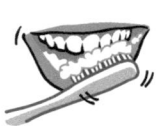

brosser les dents

د غاښونو برس کول

tuer

وژل

fumer

سکرټ څکل

envoyer

لیرل

la famille
کورنۍ

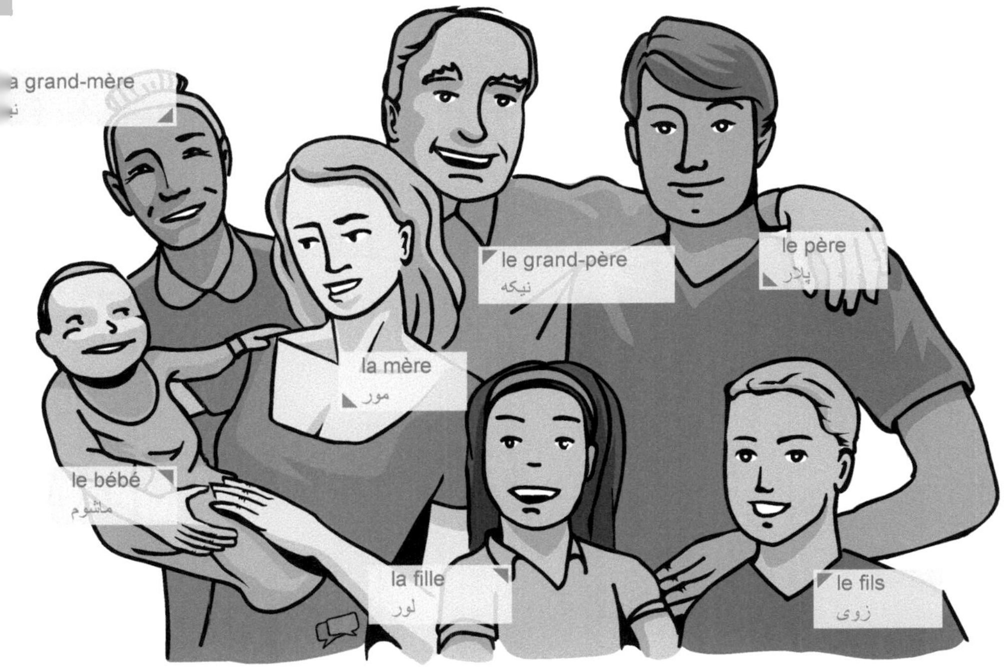

a grand-mère
le grand-père
نیکه
le père
پلار
la mère
مور
le bébé
ماشوم
la fille
لور
le fils
زوی

l'hôte

میلمه

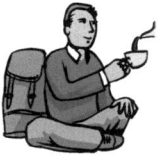

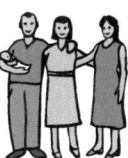

la tante

ترور

l'oncle

کاکا/ماما

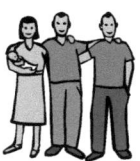

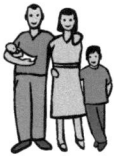

le frère

ورور

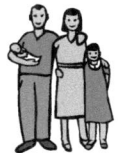

la sœur

خور

le corps

بدن

le front
تندی
l'œil
سترګې
le visage
مخ
le menton
زنه
la poitrine
سینه
le doigt
ګوته
la main
لاس
l'épaule
اوږه
la jambe
پښه
le bras
مټ

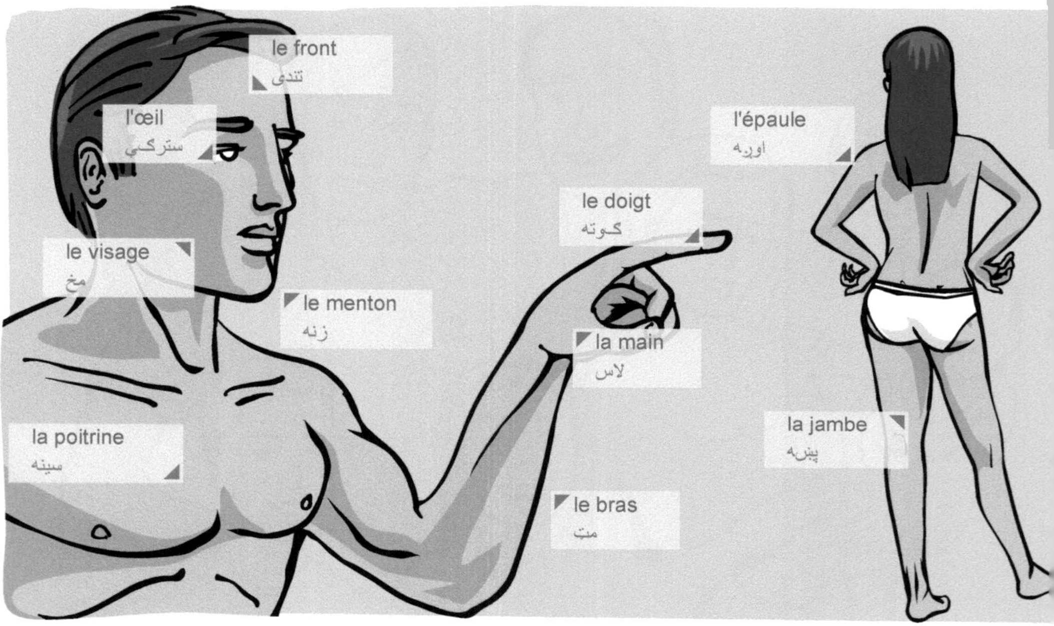

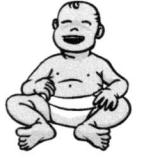

le bébé

ماشوم

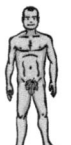

l'homme

سړی

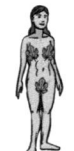

la femme

ښځه

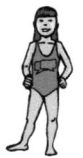

la fille

انجلۍ

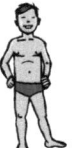

le garçon

هلک

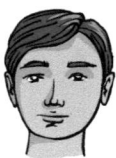

la tête

سر

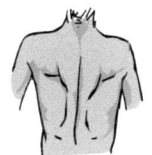

le dos

شا

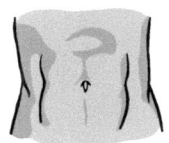

le ventre

خيټه

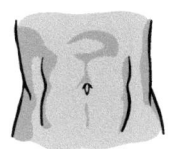

le nombril

نوم

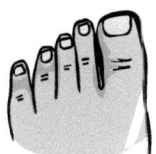

l'orteil

د پښې ګوته

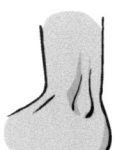

le talon

پونده

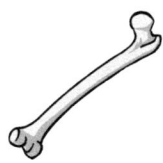

l'os

هډوکی

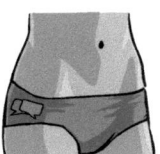

la hanche

کوناتی

le genou

زنګون

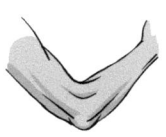

le coude

څنګل

le nez

پوزه

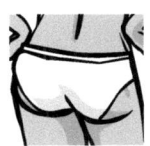

les fesses

لاندنی برخه

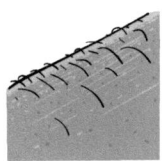

la peau

پوټکی

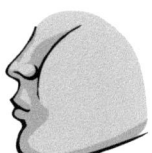

la joue

غومبوری

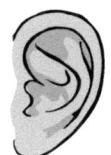

l'oreille

غوږ

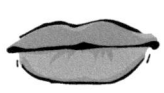

la lèvre

شونډه

la bouche

خوله

la dent

غاښ

la langue

ژبه

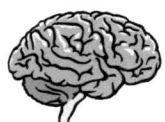

le cerveau

مغز

le cœur

زره

le muscle

عضله

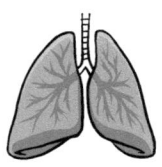

les poumons

سږی

le foie

ځیګر

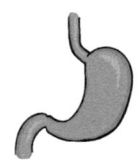

l'estomac

معده

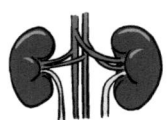

les reins

پښتورکي

le rapport sexuel

جنسي نزدی والی

le préservatif

کاندوم

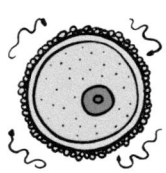

l'ovule

تخمه

le sperme

مني

la grossesse

حمل

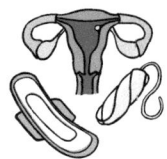

la menstruation

حيض

le vagin

مهبل

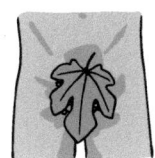

le pénis

د نارينه تناسلي آله

le sourcil

وروخى

les cheveux

ويښتﻪ

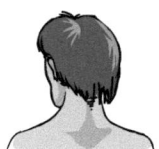

le cou

غاړه

l'hôpital

روغتون

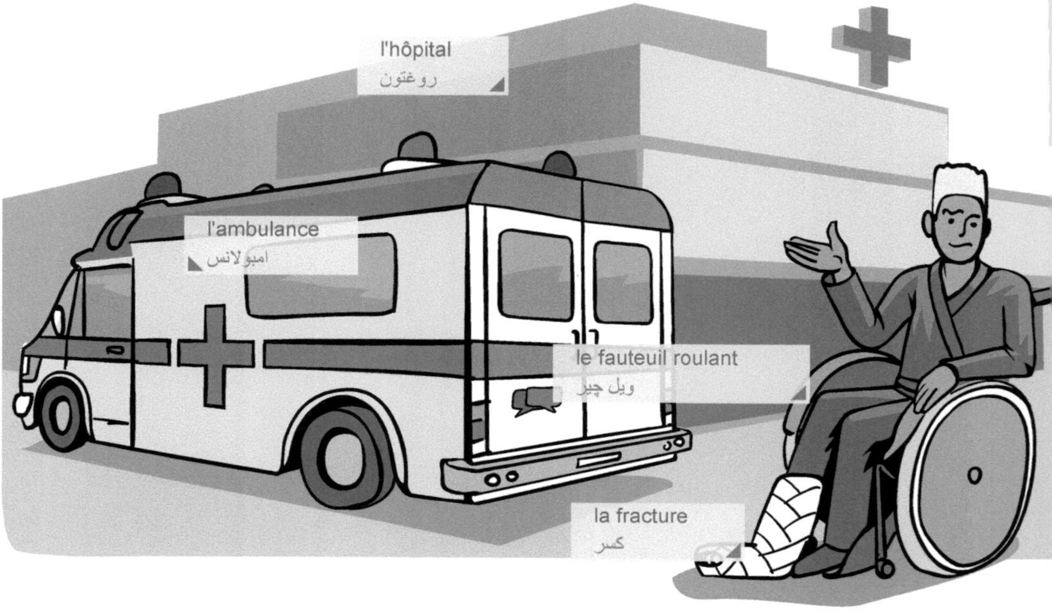

l'hôpital
روغتون
l'ambulance
امبولانس
le fauteuil roulant
ویل چیر
la fracture
کسر

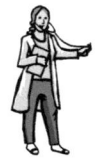

le médecin

ډاکټر

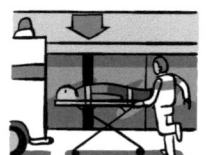

le service des urgences

عاجل خونه

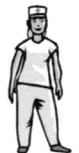

l'infirmière

رنځورپال

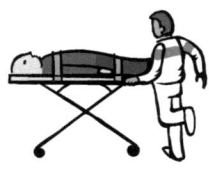

l'urgence

عاجل

inconscient

بې هوش

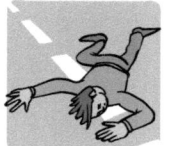

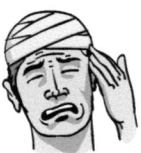

la douleur

درد

la blessure

پټ

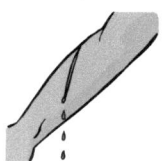

l'hémorragie

دلبوټ هنيو

la crise cardiaque

د زړه حمله

l'attaque cérébrale

ضرب

l'allergie

حساسيت

la toux

ټوخى

la fièvre

تبه

la grippe

انفلوينزا

la diarrhée

نس ناستى

le mal de tête

سر درد

le cancer

سرطان

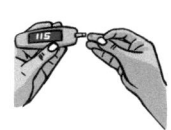

le diabète

شکر

le chirurgien

جراح

le scalpel

سکالپل

l'opération

عمليات

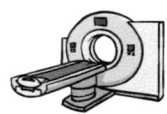

le CT

سيتـي

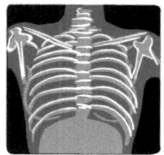

la radiographie

ايكس رى

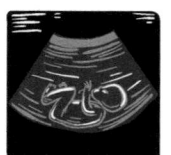

l'échographie

التراساوند

le masque

د مخ ماسک

la maladie

يماروغ

la salle d'attente

انتظار خونه

la béquille

اسأم

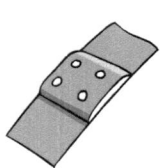

le pansement

پلستر

le pansement

بنداژ

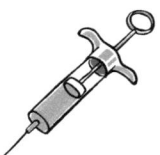

l'injection

تزريق

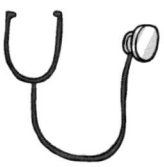

le stéthoscope

ستاتسكوپ

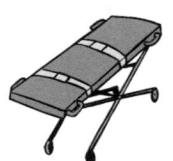

le brancard

تسكيره

le thermomètre

كلينكي ترماميتر

l'accouchement

زيرون

la surcharge pondérale

زيات وزن

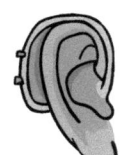

l'appareil auditif

د اوریدو مرسته

le désinfectant

د عفونیت څخه پاکونکي مواد

l'infection

عفونیت

le virus

ویروس

le VIH / le sida

ایچ.آی.وي/ایډز

le médicament

درمل

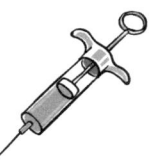

la vaccination

واکسین

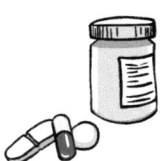

les comprimés

ټابلیټس

la pilule

ګولی

l'appel d'urgence

عاجل تلیفون

le tensiomètre

د وینی د فشار څارونکی

malade / sain

ناروغ/روغ

Au secours !

مرسته!

l'alarme

الارم

l'assaut

يرغل

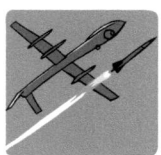

l'attaque

بريد

le danger

خطر

la sortie de secours

عاجل لاره

Au feu!

اور!

l'extincteur

د اور وژونکی

l'accident

پیښه

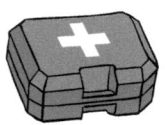

la trousse de premier
secours

د لومړی مرستی لوازم

SOS

ایس.او.ایس

la police

پولیس

l'Europe

اروپا

l'Amérique du Nord

شمالي امريکا

l'Amérique du Sud

سهيلي امريکا

l'Afrique

افريقا

l'Asie

آسيا

l'Australie

أستريليا

l'Océan atlantique

اتلانتيک

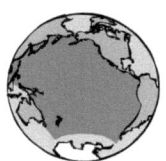

l'Océan pacifique

پاسيفيک

l'Océan indien

د هند بحر

l'Océan antarctique

جنوبي منجمد بحر

l'Océan arctique

د شمال قطب بحر

le Pôle nord

شمالي قطب

le Pôle sud

سهيلي قطب

l'Antarctique

انتّماركتيكا

la terre

خُمکه

le pays

خُمکه

la mer

بحر

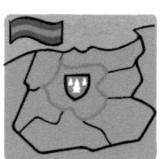

l'île

تّباپور

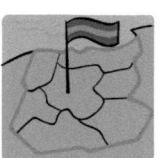

la nation

ملت

l'état

دولت

le cadran

د مخی ساعت

l'aiguille des heures

د ساعت ستنه

l'aiguille des minutes

د دقیقی ستنه

l'aiguille des secondes

د ثانیی ستنه

Quelle heure est-il ?

څه وخت دی؟

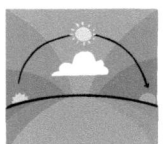

le jour

ورخ

le temps

وخت

maintenant

اوس

la montre digitale

دیجیتل ساعت

la minute

دقیقه

l'heure

ساعت

la semaine
اونۍ

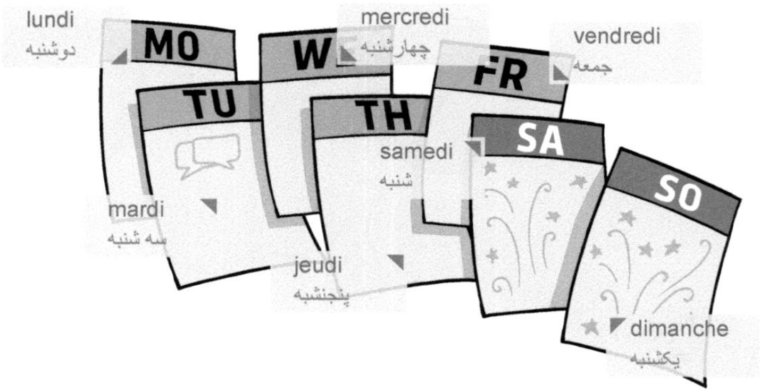

lundi
دوشنبه
MO
mercredi
چهارشنبه
W
vendredi
جمعه
FR
TU
TH
samedi
شنبه
SA
SO
mardi
سه شنبه
jeudi
پنجشنبه
dimanche
يکشنبه

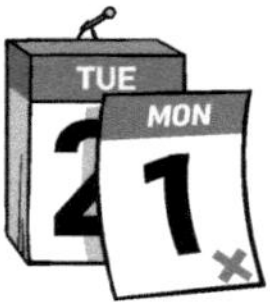

TUE
MON
1

hier
پرون

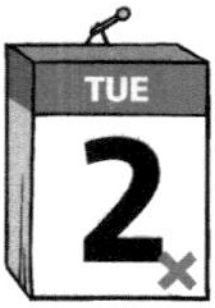

TUE
2

aujourd'hui
نن

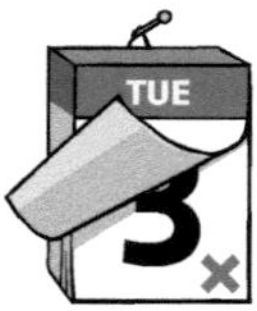

TUE
3

demain
سبا

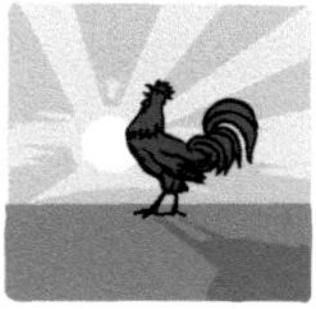

le matin
سهار

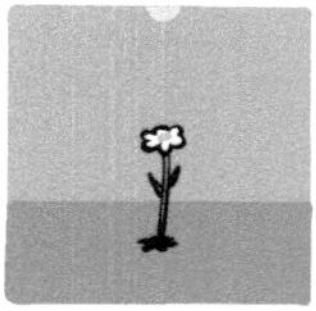

le midi
غرمه

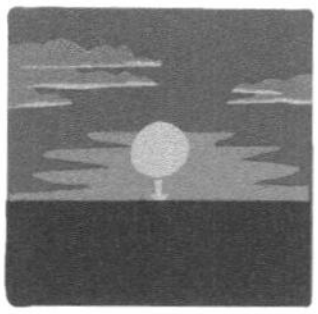

le soir
ماښام

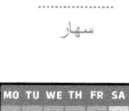

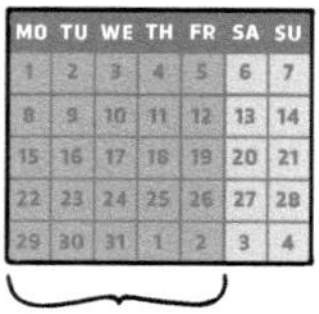

les jours ouvrables
کاري ورځې

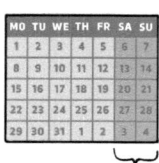

le week-end
د اونۍ پای

l'année
کال

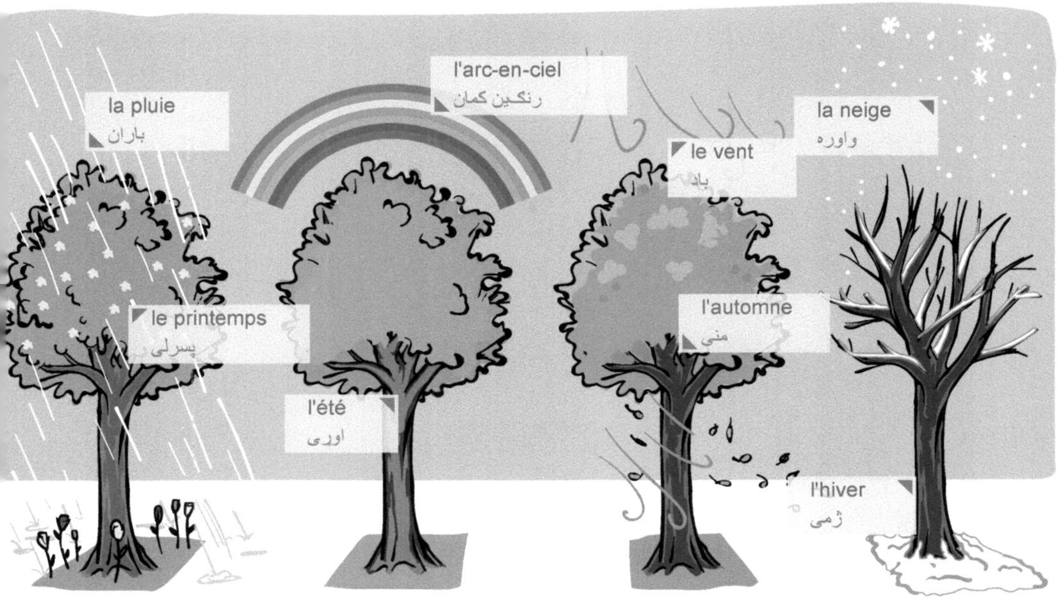

la pluie
باران
l'arc-en-ciel
رنګين کمان
la neige
واوره
le vent
باد
le printemps
پسرلی
l'été
اوری
l'automne
منی
l'hiver
ژمی

4.APRIL 11°
5.APRIL 4°
6.APRIL 13°
7.APRIL 8°
8.APRIL 10°

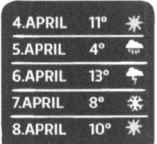

la météo
د موسم وړاندوینه

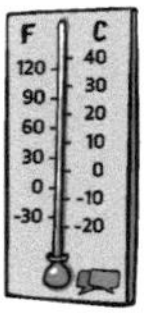

F C
120 40
90 30
60 20
30 10
0 0
-30 -10
-20

le thermomètre
ترمومیټر

la lumière du soleil
د لمر وړانګې

le nuage
وریځ

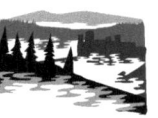

le brouillard
لړه

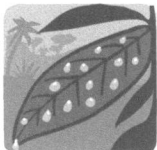

l'humidité
رطوبت

la foudre

ابرق

la tonnerre

تندر

la tempête

توفان

la grêle

ژلى وريدل

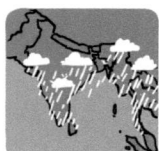

la mousson

مون سون باران

l'inondation

سيلاب

la glace

يخ

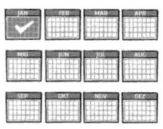

janvier

جنوري

février

فبروري

mars

مارچ

avril

اپرېل

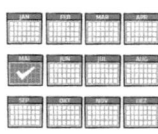

mai

مى

juin

جون

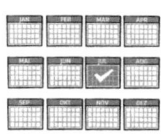

juillet

جولاى

août

اگست

septembre

سپتمبر

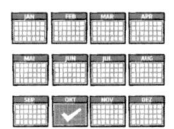

octobre

اکتوبر

novembre

نومبر

décembre

دسمبر

les formes

شکلونه

le cercle

دایره

le carré

مربع

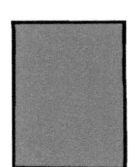

le rectangle

مستطیل

le triangle

مثلث

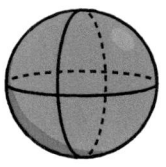

la sphère

توپ

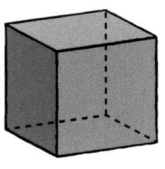

le cube

فال

blanc

سپين

jaune

ژير

orange

نارنجي

rose

کلابي

rouge

سور

violet

ارغواني

bleu

نيلي

vert

شين

marron

نسواري

gris

خر

noir

تور

beaucoup / peu

خورا ډير/خورا لږ

fâché / calme

قار/ارام

joli / laid

ښکلى/بدشكله

le début / la fin

پيل/پاى

grand / petit

لوى/كوچنى

clair / obscure

روښان/تياره

frère / soeur

ورور/خور

propre / sale

پاك/ككړ

complet / incomplet

مكمل/نامكمل

le jour / la nuit

ورځ/شپه

mort / vivant

مړ/ژوندى

large / étroit

پراخه/تنگ

comestible / incomestible

د خوراک وړ/نه خوړل کیدونکی

méchant / gentil

بد/مهربان

excité / ennuyé

پاریدلو/ایی خونده

gros / mince

چاق/وچ

le premier / le dernier

لومړی/وروستی

l'ami / l'ennemi

ملگری/دښمن

plein / vide

ډک/تش

dur / souple

سخت/نرم

lourd / léger

دروند/سپک

faim / soif

لوږه/تنده

malade / sain

ناروغ/روغ

illégal / légal

غیرقانوني/قانوني

intelligent / stupide

هوښیار/ساده

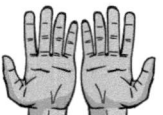

gauche / droite

کیڼ/ښی

proche / loin

نږدې/لرې

nouveau / usé

نوی/زوړ

rien / quelque chose

هیڅ/یوڅه

vieux / jeune

بدا/خوان

marche / arrêt

چالان/بند

ouvert / fermé

خلاص/تړلی

faible / fort

غلی/لور غر

riche / pauvre

بدايهب/غريب

correct / incorrect

صحیح/غلط

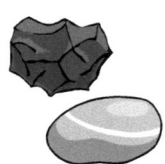

rugueux / lisse

زبر/ملايم

triste / heureux

خفه/خوش

court / long

لنډ/اورد

lent / rapide

سست/کرنډی

mouillé / sec

لوند/وچ

chaud / froid

کرم/يخ

la guerre / la paix

جګړه/سوله

les oppositions - متضاد

0	1	2
zéro	un / une	deux
صفر	يو	دوه

3	4	5
trois	quatre	cinq
دری	څلور	پنځه

6	7	8
six	sept	huit
شپږ	اووه	اته

9	10	11
neuf	dix	onze
نهه	لس	يوولس

12

douze

سلود

13

treize

سلاريد

14

quatorze

سلاروجٌ

15

quinze

سلخٌپ

16

seize

سرٌاپشٌ

17

dix-sept

سلوو

18

dix-huit

سلتا

19

dix-neuf

سلون

20

vingt

لشٌ

100

cent

لس

1.000

mille

رز

1.000.000

le million

نوليليم

l'anglais

انګلسي

l'anglais américain

امريکايي انګلسي

le chinois mandarin

چينايي مندرين

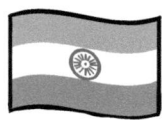

le hindi

هندي

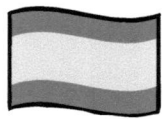

l'espagnol

هسپانوي

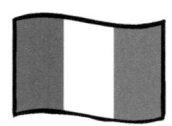

le français

فرانسوي

l'arabe

عربي

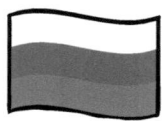

le russe

روسي

le portugais

پرتګالي

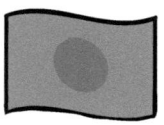

le bengali

بنګالي

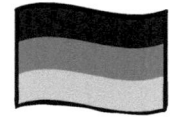

l'allemand

ألماني

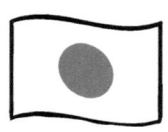

le japonais

جاپاني

je

ز‌ه

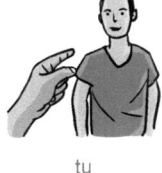

tu

ت‌ه

il / elle / ce, c', cela

ھ‌غ‌ه/د‌غ‌ه/د/ا

nous

م‌ور

vous

تاسی

ils / elles

د‌و‌ی/ھغوی

Qui ?

څ‌وک؟

Quoi ?

څ‌ه؟

Comment ?

څ‌نگ‌ه؟

Où ?

چ‌ی‌ری؟

Quand ?

ک‌ل‌ه؟

le nom

ن‌وم

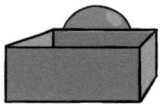

derrière

شاتّه

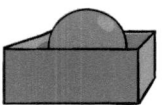

dans

په

devant

په مخه کی

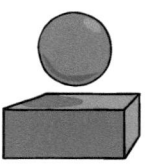

au-dessus

باندی

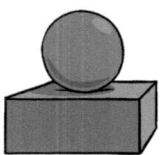

sur

په

en-dessous

لاندی

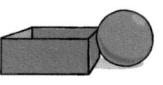

à côté de

برسيره پر

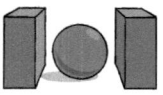

entre

ترمينځ

le lieu

ځای